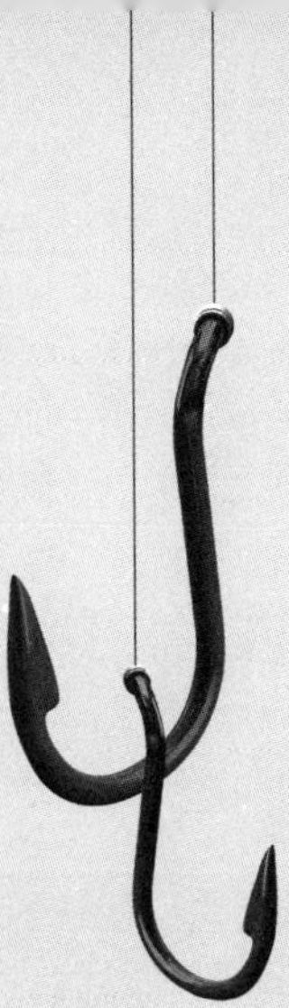

如何一开口就赢

职场第一课·职场谈判

速溶综合研究所 著

中信出版集团·北京

图书在版编目（CIP）数据

如何一开口就赢：职场第一课·职场谈判 / 速溶综合研究所著 . -- 北京：中信出版社，2018.12
ISBN 978-7-5086-9316-3

I. ①如… II. ①速… III. ①谈判学－通俗读物
IV. ① C912.35-49

中国版本图书馆 CIP 数据核字（2018）第 175948 号

如何一开口就赢——职场第一课·职场谈判

著　　者：速溶综合研究所
出版发行：中信出版集团股份有限公司
（北京市朝阳区惠新东街甲 4 号富盛大厦 2 座　邮编　100029）
承 印 者：中国电影出版社印刷厂

开　　本：880mm × 1230mm　1/32　　印　　张：6.75　　字　　数：96 千字
版　　次：2018 年 12 月第 1 版　　印　　次：2018 年 12 月第 1 次印刷
广告经营许可证：京朝工商广字第 8087 号
书　　号：ISBN 978-7-5086-9316-3
定　　价：36.00 元

总　序

师北宸
“写作训练营”创始人

给你一整套职场通关地图

你可能还没进入职场，或者刚刚进入职场，我相信你曾经遇到这种情况：公司领导或学校老师交办你几件事，你一一做了记录，然后转头便开始干活。为了快点做完，你几乎顾不上跟领导或老师确认任务目标。在整个过程中，你也很少与别人沟通，更别说仔细思考怎么做才能更高效。

这样做的结果是，你好不容易赶在截止日期之前搞定了任务，但等着你的，很可能是领导或老师的不满——很少有人一次就能把工作做到位。

问题到底出在哪里呢？时间管理不行？工作方法不对？……

针对这个问题，这套书中的比基涅斯博士提出了一个简洁有效的“解决问题三步法”：提出问题（what）——分析问题（why）——解决问题（how）。

面对每一个问题时，如果你都可以运用这个三步法，绝大部分问题都可以迎刃而解。

这个解决问题三步法，是在训练你的逻辑思考力。按照这个三步法，你接到任务以后，首先该做的不是立刻执行，而是花些时间对任务进行解码和翻译。针对问题做解码和翻译花的时间，应该是在执行上花的时间的好几倍。

书中阐述的解决问题三步法，是这样操作的：

提出问题（what）：对于他人交办的事情，你与对方沟通并确认了具体的任务目标是什么吗？

分析问题（why）：你需要花多长时间完成任务？

对于应该先做什么、后做什么，你有时间管理的意识吗？完成任务需要动用什么资源？可以找哪些同事合作？你的人际协调能力和职场交涉能力过关吗？

解决问题（how）：在扎实做好前两步的基础之上，再开始具体执行。

别小看上面这个过程，无论是对大项目还是小问题，这三步都行之有效。

职场比拼的永远是一个人的综合实力，光是单一技能过硬，还是不够的。

“职场第一课”系列由5本独立的小册子组成，你可以根据自己的需求和喜好挑某个章节读，也可以随意翻开某个章节读。

但是，我更推荐的阅读方式是，把5本书一口气看完。它们就像一副拼图，只有把这5项技能组合起来，才能拼出完整的职场通关地图，你才能汲取其中最精华的部分，才能体会到组合拳的威力。

所以，这是一套值得你反复阅读的好书。

给你一套职场复盘的指南

一个人在职场中的时间大约为 40 年，考虑到现在人类寿命变得更长了，这个时间可能会增加到 50 年甚至 60 年。

有些人重复做一项工作 10 年都没有进步，有些人工作 1 年，比别人工作 10 年积累的经验还要多。

我喜欢总结与复盘。我每天会处理好几件事情，每处理完一件事情，我都会复盘反思，不断停下来审视自己的不足，并思考如何改进。很多时候我会写下来——写作有利于思考，有利于沉淀，有利于发现不足，更有利于逐渐找到答案。

在阅读“职场第一课”系列书稿期间，我正在创办写作训练营，也在打磨我的写作课程。由于是创业初期，我每天都会有非常多琐碎的事情需要处理，同时还有大量的客户和学员需要约见。

在这短短几个月的时间里，我更加感受到了时间管理和信息管理的必要性，及良好的人际协调能力的重要性。这套书不仅对职场新人非常有帮助，对我这种工作了10多年的人也依然有很大帮助——尤其是，整套书还有图解示范，阅读起来更加轻松，也使我对职场类书籍有了新的认识，并不是所有的职场类书籍都过于干涩、难读。

事实上，每一次职场调动，或者每一次新挑战，都会让我们回到一个新的起点，再次成为职场新人。

我很喜欢这套书的编排方式。每个单元开头都是先由一位职场新人提问，然后比基涅斯博士会给出一个概括性的回答。紧接着，作者便开始介绍相关概念和理论，再用图解的方式将其具体解释清楚。整个过程非常生动，而且一目了然。

最精妙的设计是，在每个章节结尾部分，作者都会提供一项小测试，用来帮读者做“诊断”。

这个小测试的优势还在于，你有两种测试方法可以选择：第一种是前测，就是先测，找出问题，带着问题到书中找答案；第二种是后测，当你合上书本，实践一段时间回来复盘的时候再去测试，便可以知道自己是否真的掌握了这些技能。

如果你有兴趣，把两次的测试结果比较一下，一定会惊喜地看见自己的进步和成长。

从教到练，再到测试，这样就形成了一个完整的学习闭环。职场类的书，读完一定要用。不用，就不是你的；开始运用，它就会内化为你的能力。

这是一套值得你放在书桌上最显眼位置并且反复阅读的书。

带你进入一个真实的职场

我喜欢这套书还有一个原因，它为读者再现了一个真实的职场，一次性呈现出了上百个常见的职场问题，并且都非常接地气，你学完就可以运用。比如：

为什么其他同事都能够打成一片，我却做不到？

在跟同事交往的过程中，我总是被牵着鼻子走，是我不够强大吗？

怎样才能让领导发现我是被埋没的金子呢？

……

如果我们把进入职场看作就读一所“大学”的开始，那么对我们来说最重要的是什么呢?

毫无疑问是学习和成长。

上学的时候，你可以去听课、泡图书馆、跟室友讨论，到了职场中，几乎身边的每一个人，包括同级、上级，甚至你的客户、展会上认识的行业伙伴，都可以成为你的老师和指路人。

对于新入职员工的培养，日本的公司往往采用师徒制。如果你的公司也有这样的制度，那再好不过了；如果没有，那我强烈建议你主动给自己寻找一位导师，如果暂时还没有找到的话，你就先把比基涅斯博士当成你的导师吧。相信我，他真的非常睿智。

所以，这是一套适合你随时翻阅的书，它可以帮助你随时开启和比基涅斯博士的对话。

对了，我们还为你精心准备了一套价值99元的“知识星球·写作课程”，随书免费赠送，扫描二维码即可领取。如果说进入职场有三门必修课，那写作一定是其中之一。欢迎你在读书过程中，将你的读书笔记和书评与周围的同事和朋友分享，也欢迎你关注微信公众号“师北宸（beichenshi01）”，将你阅读这套书的感受告诉我。

快去阅读吧，书中还藏着非常多的小惊喜，等你慢慢去发现。

扫码加入写作训练营

登场人物介绍

Main Characters

速溶综合研究所是一所由各方超级专家和研究员组成，专门研究社会与经济等方面问题，并为有这方面困扰的人们提出解决方案的研究机构。

此次，一家蔬菜配送公司邀请了研究所的比基涅斯博士，来帮助员工解决对外的职场交涉问题，以通过提高员工的交涉能力来为公司获得更多的发展机会。是什么问题困扰着那里的员工呢？比基涅斯博士和助手艾玛能否顺利解决所有问题？

比基涅斯博士

社会学者　性别：男　年龄：55 岁

速溶综合研究所的研究员，主要研究社会学。常年带着助手到不同的地方考察，喜欢在随身携带的手账上记录各种细节。习惯一边吃早餐一边翻阅报刊。最近对社会人在职场中面临和需要解决的各种问题，有着浓厚的研究兴趣。每周两次到蔬菜配送公司研究和解答相关课题。思考太过投入时会自言自语起来。

艾玛

比基涅斯博士助手　性别：女　年龄：25 岁

比基涅斯博士的得力助手。曾经做过新闻记者，对事物都抱着“求真”的态度，凡事都亲力亲为。认真是艾玛最大的特点，性格直爽的她说话比较直，但内心是一个温柔、善良的女生。最近跟着博士出入蔬菜配送公司，负责记录员工们在进行“职场交涉”的过程中遇到的问题，并帮助大家制订解决方案。

小洋

性别：男　　年龄：24 岁

蔬菜配送公司市场部的新入员工，性格开朗、不拘小节，做事大大咧咧。在人际交往的过程中，常因神经大条导致对人对事考虑不周而犯错。对新鲜事物有着非常强烈的好奇心。虽然对比基涅斯博士的说教感到苦恼，但其实心里非常感激。为了感谢博士对自己的帮助，他想邀比基涅斯博士去看爵士 Live（现场表演）。

小米

性别：女　　年龄：23 岁

和小洋同一时期入职蔬菜公司的客服部员工，做事细心但性格腼腆。想象力丰富，对于蔬菜的各种知识感到无比好奇。由于比较内向，周末通常宅在家里。最近因为参与博士的职场交涉课题，和艾玛成了好朋友，经常会向艾玛倾诉心中的烦恼。

蔬菜君们　　性别：不详　　年龄：幼齿

小洋和小米所在蔬菜配送公司的事业部里，来往着许多蔬菜君。它们跟在业务员们的身边，帮助他们进行蔬菜配送。可爱的蔬菜君们很调皮，偶尔会给业务员们制造一些小麻烦，但也常在关键时刻提出一些好点子。

CONTENTS 目　录

第 1 章

职场交涉的基本理论有哪些?

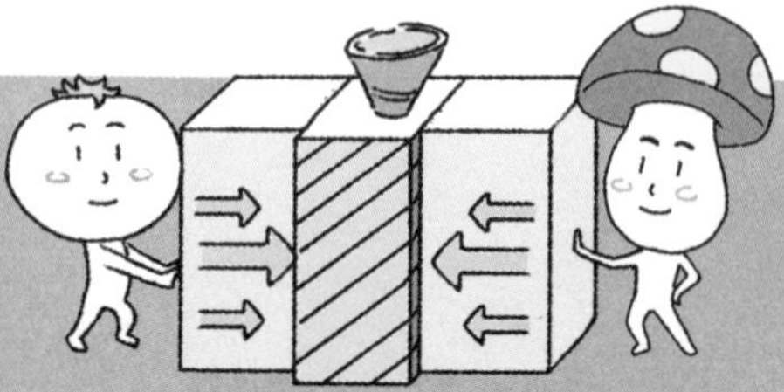

第2章

职场交涉前期准备工作

第 3 章

如何达成最佳合意

第4章 冲突管理及应对方案

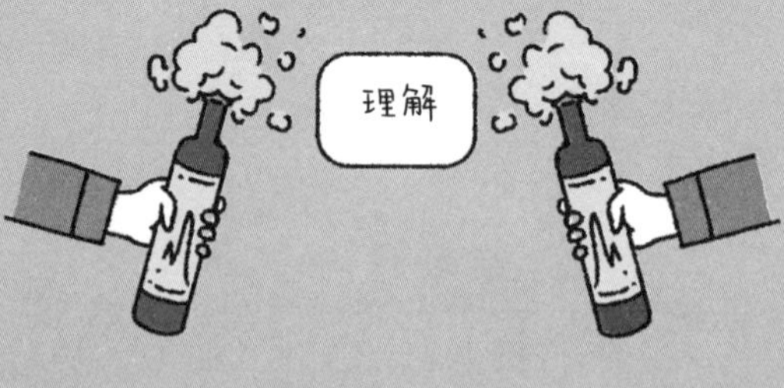

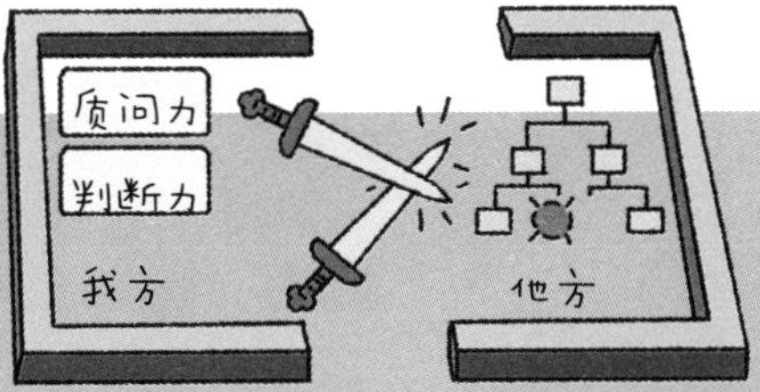

第 5 章

助交涉一臂之力的辩论知识

第 6 章

职场交涉小测试 Ready? Go！

初入职场，是否把交涉想象得太过可怕？
摆正心态，勇敢地进行职场交涉吧！

第一次代表公司去交涉，你会因为压力大而感觉到焦虑吗？不了解职场交涉的基本准则和技巧？掌握职场交涉技能，让你走进不一样的职场世界！

开拓你的交涉视野

第1章

职场交涉的基本理论有哪些？

TOPIC

1–1

职场第一课·职场谈判

面对交涉有压力？

● 交涉所产生的焦虑，也能转化成个人提升交涉能力的动力。

QUESTION

为什么面对交涉，我们会产生压力？是不是我的个人交涉、交际能力特别差？我们可以回避这种压力吗？

ANSWER

与他人交涉感到有压力的情况，其实并不可怕，这只是我们内心面对交涉所产生的心理应激反应，我们不仅不能回避，还要勇敢面对。因为交涉能力的提升正是在打败交涉压力的过程中练就的。

交涉前有压力、交涉时困惑而不知如何做出决定，甚至不时因为对方的劝说而出现动摇，被对方牵着鼻子走等，出现这种情况是不是说明我们的心理太过脆弱？

其实不然，这种压力在每个人的身上都或多或少地存在，只要讲求方法、勇于实践，提升交涉能力，就能缓解这种压力，使交涉过程更加顺利。

理性地应对交涉前的不安感

如果我们在交涉开始之前感到不安，甚至觉得紧张，我们首次要从心理上进行自我调整，告诉自己，其实大家都会遇到这种情况，自己不是特殊的。不要小看这种心理调整，交涉开始前的心理压力如果得不到及时疏导，很可能会不断加重，甚至影响我们交涉时的表现。

小米就出现了交涉前焦虑的状况。她害怕因为自己不善于与客户打交道而导致交涉失败，让客户对自己甚至公司产生负面印象。一想到这个结果，她就变得更紧张了。

其实，小米犯了一个错误，即一开始就为自己的紧张而预设负面结果。也许客户和小米一样，也会有紧张情绪。而且这种紧张情绪也可能会带来意想不到的正面效果，当紧张情绪被控制在合理范围之内时，往往能敦促双方将注意力更好地集中在讨论事项上，从而使交涉更加就事论事，减少了很多技巧性的东西。悬疑大师希区柯克讲过：“真正恐惧的是恐惧本身。”总而言之，**我们需要明确一点：交涉前的紧张，大家或多或少都有。唯一有区别的是有的人会将这种紧张放大，而有的人能很好地舒缓这种情绪。**

紧张带来的两种后果

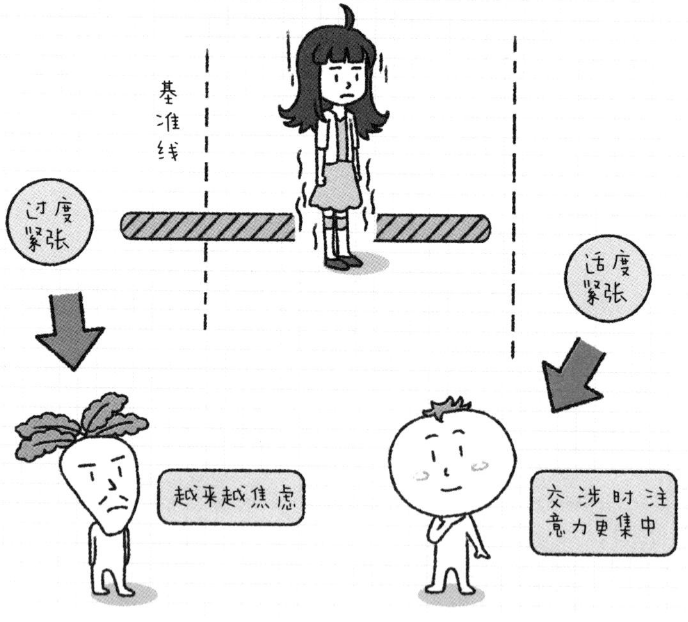

交涉过程中，我们需要高度集中注意力

交涉是一项需要高度集中注意力的交流活动，因为交涉的过程是连续的、随时可变的，因此会消耗我们大量的精力。而一两个环节上的走神，很容易让我们错过重要信息，甚至陷入被动。所以不管我们的交涉能力是否达到了令自己满意的程度，我们都要做到高度集中注意力，先抓准交涉中的重要元素，而后再思考如何应对。**请记住，将注意力集中在交涉内容本身，是交涉取得良好效果的基础。**

合理“抢跑”，可适当减轻交涉过程中的压力

因为交涉中会涉及方方面面的内容，正如前面所提及的，交涉的过程随时可变，面对层出不穷的新信息、新内容，事事考虑越周全当然越好。但交涉节奏和时间并不允许我们对每一个环节都进行面面俱到的考虑。因此，我们可以选择适当地“抢跑”。

所谓适当地“抢跑”是指对于一些可预知的内

容进行提前准备。比如，小米与客户进行初次交涉前，心理压力特别大，其实她可以通过抽取项目中具备共性的内容进行提前准备。比方说项目的前景、预期收益等，这些都是每一项合作中必然涉及的内容。提前准备好了，就可以留出精力去应对临时出现的状况了。

职场小路灯

● 交涉前的紧张感，是一种十分正常的情绪表现，我们应该理性地对待它并且尽量发挥紧张情绪的正面效应。合理地利用紧张情绪能让你在交涉过程中更加集中，更有利于交涉的进行。如果想有效地减少紧张感，不妨在交涉前就做足准备！

TOPIC

1-2

职场第一课·职场谈判

对交涉的误解

● 对交涉的误解影响交涉成效，亦损伤交涉能力。

QUESTION

我们都知道职场交涉很重要，我们都希望自己能借助有效的交涉技巧去更好地实现自己的职场目标。可实际操作中，自己的交涉力运用起来却“捉襟见肘”，难道交涉真有这么难吗？

ANSWER

我们之所以在职场交涉过程中时常碰壁，一方面是需要系统性地提高交涉能力；另一方面是我们对交涉本身存在一定的误解，这种误解必然会影响交涉成效。所以，我们应该纠正对职场交涉的一些误解。

交涉，存在于职场的方方面面，大到项目合作上的商务洽谈，小至简单的团队成员工作协调，都是一种交涉。因此，正确地理解交涉的含义，摒除误解，不仅有助于提升交涉力，更是职场能力提升的重要一环。

然而生活中，对于交涉的误解有不少，最常见的有三种：交涉前的准备工作无用、交涉中“过于考虑”自己的利益 、交涉结果要有绝对胜负之分。下面我们就来看看这些误解的具体表现及纠正方法。

化解对职场交涉误解的方法

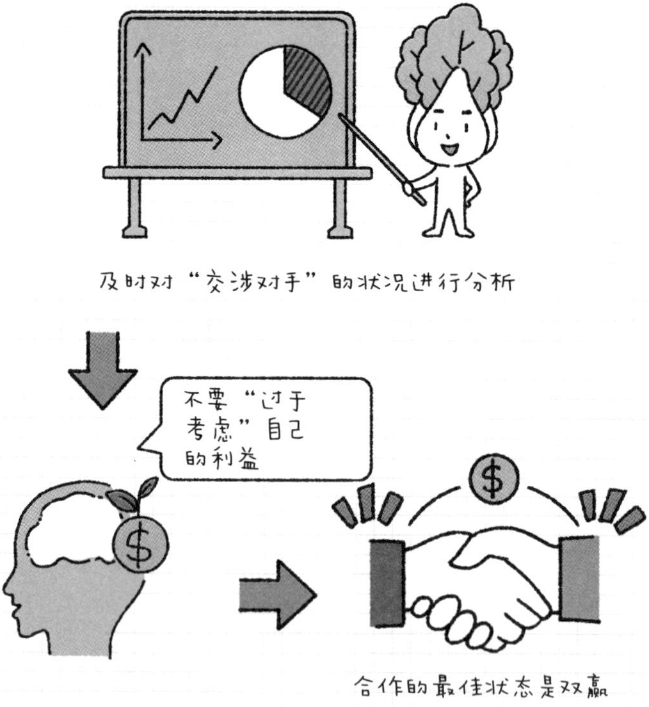

“应变第一，事前准备工作无用”

有些人认为，职场交涉是一个动态的过程，我们无法预知交涉过程中会发生些什么，所以事前准备显得很多余。但与他人交涉，是一种带有目的性的沟通方式。事前准备工作的作用就在于能够先明确此次交涉的目的，这是保证交涉成功的非常重要的因素。

正所谓“凡事预则立，不预则废”。必要的事前准备工作能帮助我们在交涉开始前先对事件和对方有初步的了解和掌握。交涉的双方往往带有各自的利益性的目的，如果是商务场合的交涉，那么这个利益性就更明显了。在这种情况下，相信没有哪个客户会乐意跟完全不了解自己、不了解相关情况的人合作。因此，想要提升交涉的成效，必要的事前准备工作非常重要。

交涉中，“过于考虑”自己的利益

在洽谈合作事项时，我们很容易陷入一种误区：不断地围绕我们自身的利益谈论问题，而忽略对方的利益。这样过于执着于自己的利益，不仅会给交涉另一方带来“爱钻牛角尖”的坏印象，而且可能导致交涉过程难以深入，进而导致交涉失败。

职场交涉一定要达到自己利益的期望值，这样的观念应该被抛弃。我们应该在交涉开始前为自己设定一个原则，或者说底线，这种做法无可厚非，但却非放诸四海而皆准。**一旦交涉局面出现转变，我们应该做的是适时变化，随时根据交涉的实际情况来调整自己的预设。**

“交涉，就一定要分出个胜负”

不少人将交涉等同于谈判，认为这是一场非此即彼的博弈，存在绝对胜负。其实交涉过程往往没有一个明确的胜负基准，不能说你完全实现自己的目标才是胜利。即使没有达到预期目标，能收获对方的信任也可以算是一种胜利。

外向的小洋因为无法跟一个经销商签订下一季度的蔬菜订单而垂头丧气，他认为自己拿不下订单的话，那么长达一个月的交涉都白费了，自己彻底输了。小洋对于交涉结果一直耿耿于怀，这件事甚至还影响到了他的工作效率。其实，小洋对于交涉结果存在两个方面的误解。一方面，一方获利并不代表另一方就得亏损，合作的最佳状态应该是双赢。因此，小洋认为无法达成合作则是客户赢了，这个看法不对。另一方面，小洋也没有“输”。因为虽然小洋这一次并没有跟客户达成合作，但是倘若小洋能在没有合作的情况下依旧与客户保持良好的联系，使客户对小洋有很好的印象，那么在后续的其他项目中，只要时机合适，客户还是有向小洋寻求合作的可能性的。

职场小路灯

● 我们不能认为达到自己的预想效果就是胜利，无法达到自己的预想效果就是失败。交涉事关双方，除了立场、利益等因素，双方对彼此的印象也非常重要。因此，交涉最佳的状态是形成双赢局面，让彼此都有收获，而非绝对的一胜一败。

TOPIC
1–3

职场交涉的基本原则

● 掌握职场交涉的基本原则，能够让交涉的成效事半功倍。

QUESTION

交涉对于一个人的工作和生活都影响甚大，那么是否有交涉的窍门能够让我们百战不殆呢？

ANSWER

交涉是一个双方博弈的过程，具有可变性、随机性，没有任何一套现成的套路可以保证我们交涉成功，但我们可以通过掌握交涉的几项基本原则，提升交涉成功的概率。

在交涉过程中，由于我们需要与对方进行交流，而且我们无法全面掌握对方对交涉内容的具体看法，亦无法明确交涉中可能涉及的全部内容，因此，我们能做好的是，掌握对交涉成效有重要影响的基本原则，以不变应万变。

交涉未动"粮草"先行之事前准备原则

小米是个内敛细心的客服部员工，所以哪怕是和同行进行简单的沟通，她都会先做好准备，了解对方客户的业务情况，了解客户的立场，做好笔记，想好如何应对。而小洋作为市场部的员工，对此不大认同，他认为凡事要随机应变，过于侧重事前准备，容易让自己变得死板。但小洋所说的随机应变是一种高阶版的能力体现，职场新人如何保证随机应变万无一失呢？做足准备虽然无法应对所有情况，但对提升交涉成效有利无害。

尽管我们无法在交涉开始前全面掌握对方的动态，但尽量充足的准备总能让我们更好地把握和应对交涉中可能出现的各种情况。**虽然充足的准备工作无法确保我们取得百分百的交涉成效，但它是提升交涉效果的坚实基础。尤其对于交涉能力有待提高的人而言，准备的完善程度和交涉时临场表现的优良程度成正比。**

越有逻辑越容易取得效果之逻辑原则

不知道大家有没有发现，我们在看一些辩论节目时，那些能够吸引我们注意力，尤其是那些能让我们信服的话语，往往是具有强大的逻辑性的。所以，如果你的观点逻辑性足够强大，能打破对方设置好的思维框架，就能让交涉的对方信服我方的观点，这很有可能是成功的开始。所以说，任何想要取得成效的交涉说辞都需要具备逻辑性，富含逻辑。

用逻辑来说服对方

这种交涉的逻辑性反映在两方面：其一是作为主

导方，我们要根据自身目标，设定并配以恰当的、更容易让人信服的内容结构，让对方进入我们预设的框架；其二是作为受众方，**我们需要分析对方的逻辑是否和自身的利益相契合，如判断出对方的逻辑不符合自己的利益，我们就要从思维、言语等方面表明自身的立场，不能稀里糊涂地接受与自身利益相左的逻辑，并跟着对方的逻辑走。**

聚焦在交涉目标上之利益主导原则

交涉不等于漫谈杂论，不是茶余饭后的非功利性交流。我们之所以要进行交涉，是因为双方都需要就某一个事项达成一定的共识，或者减少分歧。简单地说，交涉是一个双方利益磨合的过程。因此，对待交涉过程，我们应该聚焦在利益上。

与上游蔬菜供应商进行交涉时，小洋的目的是以气候不好、品相一般为理由，让对方降低供货价，而对方的态度则是不降价。在交涉过程中，供应商提出可以以介绍下游客户的方式作为条件，诱导小洋答应加价2%。小洋正琢磨着，突然想到“介绍客户”是未知利益，是潜在的可能性市场，而本次交涉的主要目的在于降价，这才是主导性利益。于是，小洋坚持己见，与客户继续洽谈，最终达成目的。

交涉过程涉及多个环节和内容，我们的思维也可能会因为协议事项众多而发散，由此造成的结果和预想大相径庭的现象也屡见不鲜。**想要避免这种情况，最根本的方法是始终以自身利益为主导，紧紧聚焦在交涉目的上，以自身利益为重点，事事围绕自身利益的得失去考量，不要被对方的思路牵着走。**

职场小路灯

● 事前准备、讲求逻辑以及利益主导这三大交涉原则，是促进我们交涉取得成效的基础性原则。我们需要在日常交涉中有侧重地运用这三大原则，并且做到每次交涉之后做好笔记，不时总结交涉的经验，以此提升自身的交涉技能。

TOPIC 1–4

职场第一课·职场谈判

为什么一直让步？警惕锚定效应

● 交涉中要警惕对方给你设下的锚定效应，避免一直做出让步和妥协。

QUESTION

各种交涉中，我们有时候会被对方牵着鼻子走，不停地做出让步，这是为什么？是我们自身的专业知识储备不够强大吗？

ANSWER

在交涉中一直做出让步，不是因为你的专业知识不够，更有可能是你“掉进”了对方的心理圈套，陷入了锚定效应且在不经意间被动地做出了临时性的非理性决定。

我们在交涉中会产生一种心态：如果对方提出较高的要求，我们可能会条件反射般地回绝，而面对我们的回绝，对方可能会顺势将要求降低，这时我们会觉得自己扳回一城，于是就答应了对方的“较低要求”。如果来个“赛后检讨”，我们会发现对方的“较低要求”其实也是应该回绝的。**对方当时之所以成功，是因为在交涉中运用了锚定效应。**

警惕锚定效应，不要做出即时回应

小米正利用社交软件和一位客户进行交涉，客户提出了这次的蔬菜进货价整体下降 8% 的要求。小米第一反应就是这个降价幅度太大了，难以接受。然后客户就提出：“那么，降价 3% 吧，如何？”小米心想：降价 3%，比降价 8% 好太多了！正打算答应客户

锚定效应

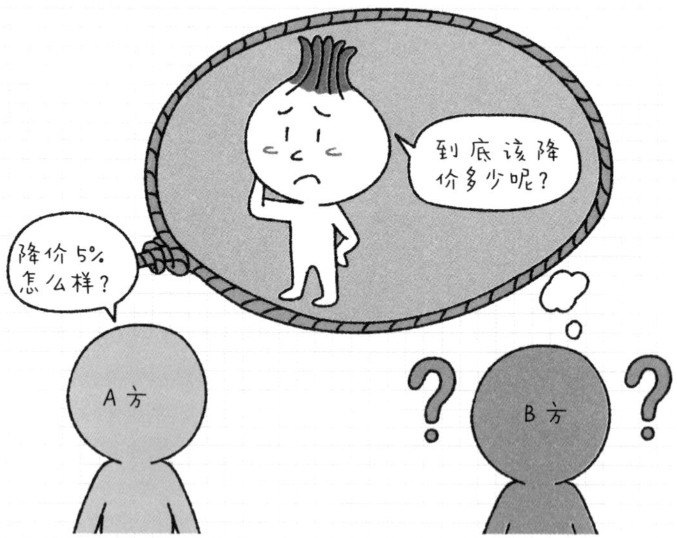

之际，小米的脑中突然想起了锚定效应理论，陷入思考："降价是我自己的预期吗？当然不是，这是客户的要求。可是我为什么险些答应了降价呢？"小米之前的反应，正是锚定效应在作祟。

锚定效应是指当我们获得某些信息的时候，我们的思维因为第一反应而被限制在这些信息中，并不由自主地跟着这个思路走，从而做出不符合自身利益的非理性决定的一种现象。

在上例中，因为对方首先提出了较大的降价幅度的要求，让小米的思路不由自主地进入了"降价"这个框架之中，同时大幅度的降价要求让小米心理上受到出乎意料的冲击。接着，客户将降价幅度大幅下调，让小米觉得客户做出了非常大的让步，自己也应该折中妥协。但其实，**降价本身就不是小米这次交涉的目标，她如果一个劲儿地根据当时的第一反应来做判断，必然会使交涉成效偏离自己的目标。**

所以说，任何时候进行交涉，我们都要警惕锚定效应，不要急于根据自己的第一反应做出即时回应。

面对对方抛出的锚，可以及时转移话题

针对客户的降价要求，应该如何得体又不失礼貌地回绝呢？这时小米可以尝试转换话题，提出自己想要讨论的问题，远离客户抛出的“锚”。于是，小米转换了话题，转而问客户上一次蔬菜供应的事宜。果不其然，客户就放弃了降价的话题，对新问题做出了回应。

及时转移话题的精髓在于，将话题重点从对方抛出的“锚”上，转移到自己想要谈及的话题之上，这样做的好处有两个：**一是可以摆脱锚定效应，不让自己陷入对方设定的框架中；二是可以婉转地回绝对方提出的要求，避免处于被动位置。**

职场小路灯

●锚定效应可谓无处不在，所以在交涉中我们要养成警惕锚定效应的习惯，凡事不要根据第一反应做决定，要多思考再回答。当遇到锚定效应时，要及时转移话题。同时可以做好事后总结，以提醒自己以后要对此多加留意。

TOPIC
1–5
职场第一课·
职场谈判

善用演绎法为交涉“抽丝剥茧”

● 交涉的时候多用演绎法，可以助你从前提上理顺思绪、提升成效。

QUESTION

为什么有时候在日常交涉中，即使做足了事前准备工作，过程中也能高度集中注意力，并且会善用各种交涉技巧及原则，但依然会交涉失利，难以获取利己成效呢？

ANSWER

交涉之中，推论无处不在。对交涉内容和所需判断，一旦采用了不利于自己的规则进行推论，那么就容易因为推论基准的偏颇而导致判断失误，影响交涉成效。

推论，存在于交涉的各个环节。这样说或许很抽象，但我们可以细想一下，简单如与同事进行关于工作分工的交涉，其实都涉及推论。比如，考虑同事是否适合这样的分工，考虑对方是否会满意或是否会以各种理由做出反驳等。**所以说，从交涉一开始我们就要有推论意识，并且要以适合己方利益、有利于己方的规则基准进行推论。**

找对推论基准，规避错误法则

每一个推论都有与之相对应的基准与规则，它们是否适合己方利益，直接影响推论结果，进而影响交涉成效。小洋在上次与客户的失败交涉中，认为自己降价 3%，客户就会答应继续合作，可客户却回绝了下一期的蔬菜订单计划。当时客户认为，小洋公司的供应品种不符合自己餐厅的定位要求。其实小洋这次交涉失败的主要原因是推论基准及规则出现了问题。小洋的目标是与客户继续签订合作协议，针对客户的餐厅特色及市场定位，他的正确推论基准应该是“专门挑选符合客户需求的蔬菜种类”来吸引客户，而不是用“降价”来吸引客户。

小洋的问题，就是一种以错误的基准进行推论从而影响交涉成果的例子。交涉中，我们**首先要设定好**

自己的目标，然后针对目标分析对方可能会拒绝我们的原因，并做出应对计划。如果像小洋那样，从源头上错判了对方的拒绝原因，很可能导致整个推论出现偏颇，从而影响交涉质量。

交涉中的演绎法则

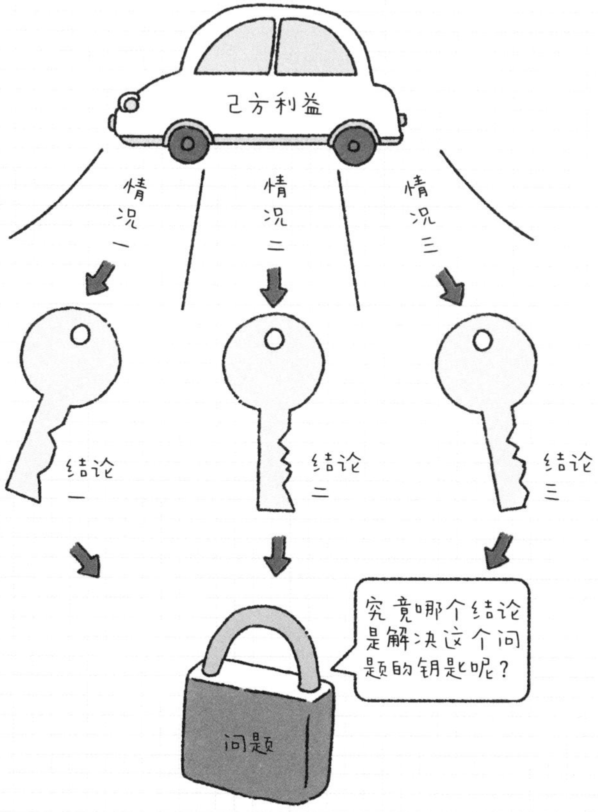

交涉以利己为大前提、以实际为落脚点

真正有效的推论需要善用演绎法则。演绎法则是指从有利于自身利益的基准出发，围绕这个利己规则推导出可能会出现的各种情况，并最终得出结论。这分为两个步骤。其一是确立适合己方利益的推论基准与规则。正如上文所提及的，利己规则首先需要明确自己的目标，然后再围绕这个目标设定有助于实现这个目标的推论规则。通俗地说，如小洋的目标是“对方继续回购”，因此，他所有的规则应该以此为大前提。

其二是在这个利己规则的基础上，推导出可能会出现的实际情况并做出分析应对。小洋明确自己的目标之后，就应该有针对性地推论出“对方回购的原因”“对方不回购的原因”，然后针对这些可能会出现的实际情况做出应对，在与客户交涉前就打好腹稿，想好应对之策。

演绎法助你明确判断基准

或许有人会认为，交涉过程中的推论可以靠临场发挥，但实际上，正确的演绎法能助你减少不必要的推论误差。因为演绎法能帮助我们在正式交涉前先明确自己的价值、目标和立场。演绎法，是一种提前拟订适合己方利益的基准和规则，并以此推导出交涉环节可能会出现的情况的法则。

简而言之，**演绎就是一种思维上的预演，不仅能帮助我们理顺头绪，更能让我们在这次预演中明确自己的立场及价值基准在哪里，避免临场发挥中由于主客观因素影响深入思考，进而使最终成果偏离自己的预设立场和价值基准。**

职场小路灯

●演绎法讲求的是根据自身目标和利益，冷静分析自己的立场及价值基准，就各种可能出现的实际情况做出推论并想好应对之策。思考对应策略的时候，要特别注意避免错误法则，避免违背己方利益的思路，避免源头上的“错判”。

灵活应对交涉，成为职场高手。

给交涉带来成效的逻辑活用法

善用逻辑进行交涉，更能推动交涉成效节节高。

●都知道交涉中讲究逻辑比毫无章法要高效得多，但“逻辑”这个词甚为抽象，亦不好掌握。其实，逻辑看似抽象，但实操性很高，因为逻辑有其主体构成要素，以及高效的使用方法。只要掌握窍门，那么逻辑活用就并非遥不可及。

想要在交涉中运用逻辑、活用逻辑，首先，我们要分析逻辑的构成要素，这是活用逻辑的基础；其次，我们要讲究逻辑的运用方法；再次，我们要了解逻辑的运用技巧。

逻辑的全方位构成：主张、根据和数据

小米最近在与客户的交涉中连连失利，其症结在

于交涉逻辑混乱。在与客户的交涉中，一会儿说蔬菜品种，一会说半成品供应，根本无既定逻辑可言。在小米的印象中，交涉就应该是一问一答。其实，交涉当然不只是一问一答那么简单，小米在交涉中表现出来的逻辑混乱，说明其思路不清晰。当她提及蔬菜品种的时候，客户的思路会朝着蔬菜品种的方向去想，而这时候小米却话锋一转，转而谈及半成品供应，这样客户的思路又跳出了蔬菜供应，来到半成品供应上。这样毫无章法的逻辑，容易让客户混淆，也容易让交涉失去重点。逻辑对于我们的交涉成效至关重要，因为逻辑性越强的交涉越容易取得我们预期的目标和成效。那么，怎样才能让自己的交涉思维变得更有逻辑?

有效的逻辑主要由主张、根据和数据三要素组成。第一个要素是“主张”，指的是我们的立场和观点，是我们逻辑的出发点，我们需要首先确定自己的主张是什么。第二个要素是“根据”，是指你设定这个主张的立足点是什么？针对不同的主张，我们要找到最有力的根据。比如小米跟客户提出“有机蔬菜品种供应”，这是她的主张，她为什么提出这样的主张呢？因为客户的餐饮业务主打“绿色健康”，那么“客户的店主打绿色健康食品”就是小米的“根据”。第三个要素是“数据”，这个比较好理解，就是支撑我们观点和根据的实质性数据，数据往往最能让自己的逻辑变得有说服力。这些数据可以来自客户，如“其他餐厅订购绿色蔬菜的量上升”“餐单更改为绿色有机菜式可以增加营业额”等，这些都是支撑小米的主张及根据的实际性数据。

善用逻辑的技巧：提问

想要善用逻辑，我们可以在交涉中巧妙利用提问的方法，强化自身逻辑。活用各种提问方法，可以让对方进一步走进我们的逻辑框架。具体可以采用提开放式问题以及提封闭式问题两种做法。关于开放式问题，我们可以针对交涉目的，选取一个主题内容，向对方提问，以获取对方对该话题的看法。这种信息能帮助我们更有效地获知对方的想法，使其在潜移默化中进入我们设定的思维范畴。但开放式问题的交流过程比较耗时，亦需要进行一定的信息筛选，且难以确保一定能得出自己想要的答案。

提问的两种方法

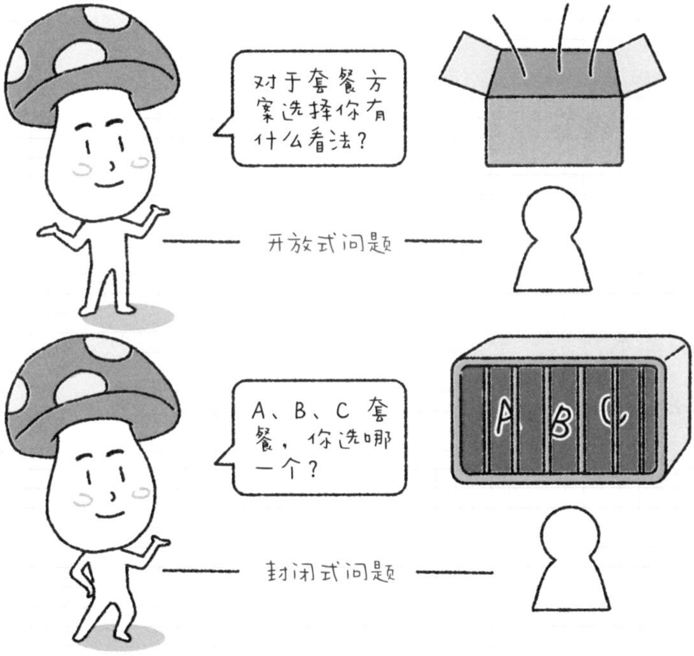

提封闭式问题就是围绕适合己方利益的交涉目标，给对方选择题。比如小米一旦确定新客户的订购需求，就可以问客户："您想订购单品种蔬菜还是多品种的套餐呢？"这样，给客户出一道封闭式、二选一的选择题，以吸引客户继续往下询问具体内容。封闭式提问方式往往能强化自身逻辑，并加速交涉目标的达成，但有时也会有一定的局限性。

确立职场交涉逻辑的两种方法：推断法和试探法

在确立交涉逻辑的时候，我们可以采用两种常用的基本方法，一个是推断法，另一个是试探法。推断法指的是运用直观推断，根据对方的反应来判断自身应该采用哪一种逻辑进行交涉。比如小米遇到有新客户主动联系，并不断询问蔬菜品种等方面的知识，小米可以采用"以品种和质量取胜"的逻辑，向客户进行推介，并看看对方的反应。如果对方继续询问品种和产地等内容，而非转移话题至批发价格，那么小米则能直观地判断对方看中的是公司的蔬菜品种和质量，因此继续推演后面的环节，并可以以此为重点进行深入交流。

另一个是试探法。当我们难以从对方的反应中推断出应该采用哪种逻辑进行交涉的时候，那么最好采用试探法，旁敲侧击地询问对方，寻求答案。

PRACTICE STARTS
课后作业

基本 掌握职场交涉的重点理论，摒弃对交涉的错误理解和认识，是提升个人交涉技能的基础环节。

活用 生活中要学会排解交涉压力、明确交涉原则，善用交涉逻辑及演绎方法，警惕不利于交涉思路的锚定效果。

交涉前你对对方了解多少？前期准备工作做好了吗？你又有后备方案吗？

交涉前的准备工作是非常重要的，这期间你可以为自己“加满油”。通过网络等工具收集相关情报，全方位地了解交涉对手。另外，也别忘记为交涉准备足够的筹码。

开拓你的交涉视野

第2章

职场交涉前期准备工作

TOPIC

2–1

职场第一课·职场谈判

把握现状，了解对手

● 交涉是双向的，掌握对方的情况能为取得交涉成效铺平道路。

QUESTION

都说要为交涉做好事前准备工作，但交涉不是单方面的事情，即使我将有关某些问题的材料准备得再充分，也难以确保万无一失，并解决对方全部的提问及质疑，不是吗？

ANSWER

当然，我们无法确切预知交涉对手在交涉过程中提出的全部问题与要求，但我们可以提前了解交涉前的实际情况以及对手的立场和需求，这是交涉前非常重要的一个步骤。正所谓知己知彼，百战不殆。

到底如何在交涉前期做足功课呢？应该做足哪些功课才能让我们在交涉时更加自信？具体可以从以下几个方面去着手。

不要停留于表面，敢于主动收集情报

对手的客观现实情况，对于我们制订交涉计划有着非常直观的影响。因为这个“现实情况”往往牵涉客户的立场、需求以及客户想要获得的预期利益等。

小洋在准备一份合作方案，客户是综合性的大型集团。小洋公司能提供的绝大部分产品，对方也能轻松从别的供应商那里获得。小洋苦思冥想，如何才能展现自身不可取代的优势，让对方青睐。于是小洋向项目组王组长求教。王组长告诉小洋，可以从对方目前经营的实际情况入手，比如经营现状、发展趋势等。得到建议后的小洋首先开始分析对方目前的经营报表，发现对方的经营范围虽然很广，但有一种产品仅由一个公司专供，这种产品的销售额占去了公司利润额的一大部分。其次，小洋浏览了该公司的官方网站，发现该公司主推的也是上述专供的产品。于是，小洋决定以这种产品为突破口，并将想法体现在合作方案中。

像小洋一样，**如果我们在准备交涉的前期阶段，**

满足于表面信息，没有通过不同渠道认真分析对方的实际情况，那么我们就容易失去一击即中的可能性。想要把握住“先机”，我们就需要通过各种渠道获取对方当下的实际状况，并分析对方的发展趋势及需求，从而增加交涉内容与对方客观现状的契合点。

提取要点，利用图表进行归纳对比

不管对方是公司还是个人，通过前期资料收集工作，我们会发现对方的实际现状中存在的各种影响因素，除了关键因素之外，仍会有不少其他因素对对方的抉择产生影响。面对这样的局面，我们就需要进行下一步：提取要点，列表归纳。

小洋之所以制订以其专供的需求作为合作突破口的方案，并非一时冲动，而是通过详细分析得出的。因为他通过对对方的经营现状进行摸底，发现自己公司虽然能为客户总公司供应大量的蔬菜，但由于市场竞争激烈，只能薄利多销。而针对一种产品的专业性供应，虽然量级没有那么大，却有价格优势，若能获得该专供产品的供应权，就会更具进行长远合作的可能性。

小洋的做法就是提取要点再进行列表分析的典型例子。面对千头万绪的资料信息，我们第一步就需要提取出对这次交涉有关键性影响的要点。主要有以下

用图表进行归纳对比

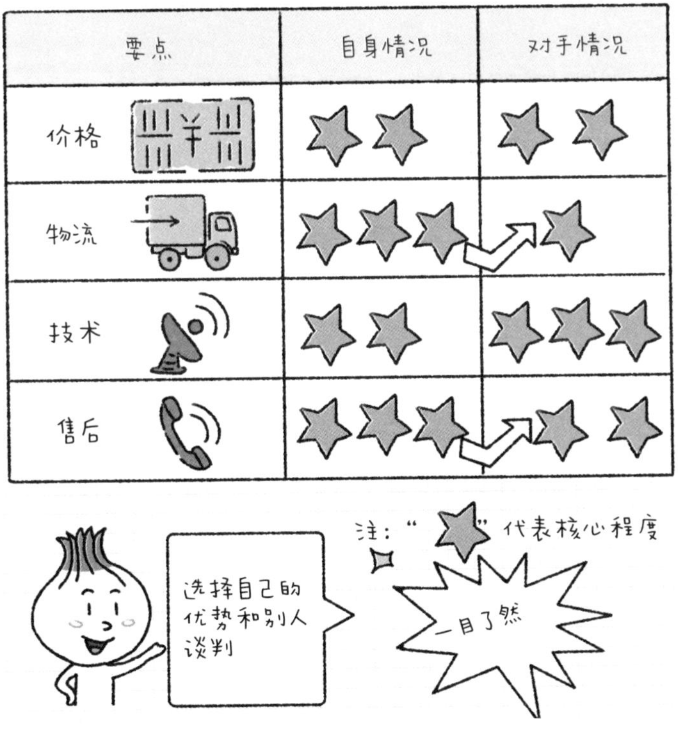

两个方面：一是对我们自身目的有关键影响的要点有哪些，二是契合对方需求的要点又有哪些。提取出要点之后，我们就可以将各个要点按照其核心程度进行排列，将自身情况、对手情况和交涉环境用图表表示并细分，明确交涉过程中各个要点解决的先后顺序，并分析我们自身条件与这些要点的契合度，选取契合度最高，也就是最有把握的一环作为主攻点。

是否了解对手，有时是成败关键

我们的交涉对手，对我们的客观影响是其实际现状，而另一个相对主观的影响是对手本身的主观倾向、思想个性等因素。因为，抛开客户的客观现状，我们是否能用客户喜欢的方式达成目的也是影响交涉成败的关键之一。因此，在交涉前期，我们还需要对客户的个性、做事方式、立场等进行了解，即使是相同的交涉内容，不同的客户也会有不同的交涉习惯。有针对性地为客户创造一个更舒适的交涉环境，能大大提升交涉成功的可能性。

是否能把握现状，了解影响自身与对手的主客观要点，有时是决定交涉成败的关键。因此，磨刀不误砍柴工，我们必须给予前期准备工作足够的重视。

职场小路灯

●资料收集及分析的能力不是一蹴而就的，想要在交涉前期实行有效的现状分析，了解对手各方面主客观影响因素，我们在日常工作中必须养成眼观六路、耳听八方的习惯，还要有意识地培养自己观察、收集信息及进行分析的能力。

TOPIC 2–2

职场第一课·职场谈判

设定交涉的目标与计划

● 交涉的目标是引领整个交涉过程的导航仪，而计划是推动最终目标实现的有力保障。

QUESTION

与对手进行交涉，自然是期望通过有效的交涉促成双方协议的达成，从而实现我们自身的目标。但撇开交涉技巧和沟通技术不说，在有的交涉中，即使双方侃侃而谈，相谈甚欢，却成效不高，这是为什么？

ANSWER

检验交涉是否成功，我们需要有一个参照标准，那就是交涉结果与预期目标之间的契合度。有的交涉之所以收效甚微，除了技巧问题之外，更重要的是最终目标设定不够精准。

让交涉的目标更具体，用数值来表示

交涉绝不是漫无目的的沟通。相反，交涉是目标性很强的协商过程，“目标”是整个交涉之所以存在并成立的大前提。**因此，在交涉的准备阶段，我们需要先冷静分析，问清楚自己到底想要实现什么样的目标，然后再带着这个目标去与对方进行有效交涉。**比如小洋马上要与新客户商定青椒的收购价格，那么在谈之前小洋就要设定一个目标——要赢利。只有带着这个目标去才能和新客户进行有效的交涉。

无目标的交涉难以取得成果，因为我们不能指望对方主动让利，提供商机；而有了目标还不够，我们还需根据这个目标，制定目标实现的具体指标。比如小洋暗自下定决心在这次交涉中达成的合作销售额具体要达到多少，以及公司在销售额达到多少时可以提高自身的交涉优势，体现出合作的价值等。

明确这种数值的意识也可以激励我们一步一步地达成我们自己的目标。在一场交涉中，一个一个地去完成任务，待顺利完成所有交涉任务之后，我们就会发现自己距离最终目标不远了。这就是对目标的审定和思考并围绕目标制定交涉任务的过程。所以说，确定目的并为此量身定制有效的、具体的交涉任务非常重要。

认识到双方的差别，并思考如何消除差距

在这里我们要先引入一个概念——ZOPA（zone of possible agreement），即协议谈判空间，又被称为谈判协议区。换句话说，买方的价格预期范围与卖方的价格预期范围的交集就是协议谈判空间。

小洋的开价是 2 元一斤，心理预期最低可以接受 1.4 元一斤；而新客户开价是 1 元一斤，最高心理预期

ZOPA：协议谈判空间

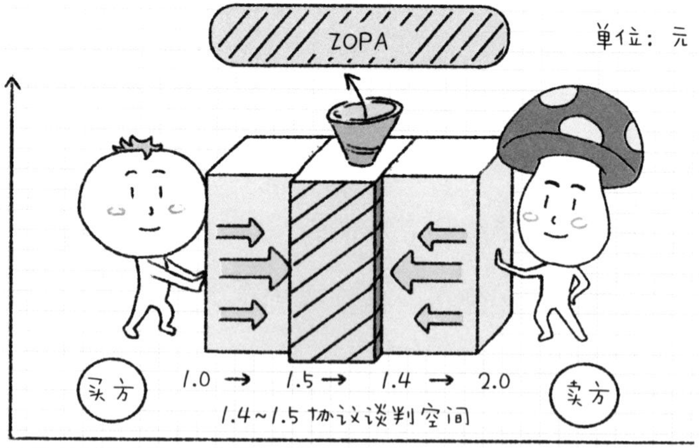

可以出到1.5元一斤。那么这个1.4~1.5元之间的空间就是二人的协议谈判空间。但是这个空间并不是明面上的，而是双方在沟通和交涉中发现的。假设小洋从2元钱往下降，而客户从1元钱往上加，等双方找到ZOPA，这次交涉就能够成功，如果找不到那就意味着交涉的失败。

所以在交涉开始前就设定好目标与计划，会让你的交涉活动进行得更加顺利。哪怕是结果并不尽如人意，但至少可以做到不慌不忙，能给对方留下好的深刻印象。

职场小路灯

●我们可以在生活和工作中养成事事遵循“确定目标并据此制订计划”的习惯。这种习惯一旦养成，我们就不用再担心职场交涉甚至临场交涉了。

TOPIC

2–3

职场第一课·

职场谈判

做好交涉失利的打算

● 做好最坏的打算能起到避免或挽救交涉决裂的作用，正所谓进可攻，退可守。

QUESTION

信心，对于交涉来讲非常重要，它鼓舞我们在交涉中朝着成功的方向大踏步迈进。如果在交涉开始前就先考虑交涉失败的后果及应对措施，难道不是浪费交涉前期的宝贵精力吗？

ANSWER

正如行军打仗一样，优秀的将领不会只知道一往无前，他们往往在开战前就给自己的军队想好了退路。同样的道理，事前准备好交涉失败的应对方案不仅不是浪费时间精力，反而能让你在交涉失败后免于被动。

无论准备得多么充分，任何一次交涉都存在失败的可能，我们可以做的是尽量降低失败的可能性。因此，我们要有受挫意识，时刻准备好交涉失败的应对之策，做好替代方案。

考虑最坏情况，做好心理建设

小洋信心满满地跟项目组王组长分享自己的项目计划书，王组长听后对一切细节都颇为赞许，唯独问小洋：万一客户不喜欢你的主推产品怎么办？小洋顿时不知所措，因为整个项目书都是围绕主推产品展开的，万一客户不喜欢就没办法了，这次交涉就只能宣告失败。王组长告诉小洋，一定要做好客户不喜欢主推产品的心理准备，并且要准备一个与主推产品有一定差别性的产品作为后备产品，万一客户否定了这个方案，立马拿出后备方案来。小洋听后，受益匪浅，赶紧做了一个后备主推产品的配套方案。

很多时候我们之所以会不知所措，很重要的原因是我们对于即将发生的事件没有预期。这种“不知所措”会在一瞬间打乱我们的思路，从而影响我们做出正确的判断。**因此，想要从容面对交涉过程中可能出现的各种情况，我们要学会考虑最坏的情况，做好最**

坏的打算，给自己充足的心理准备，从而让自己在面临最坏情况时依然能够保持冷静的头脑。

做好决裂后的替代方案

针对这种交涉双方关系决裂的情况，我们需要在交涉开始前就做好心理准备及替代方案。首先，我们要评估在这种状况下，我们会出现的损失有哪些；其次，可以寻找替代客户，尽力弥补损失。

比如小洋信心满满地做了一份项目计划书，准备与新客户进行购买交涉，在与客户交涉之前就要预想以下几个问题：倘若与这个客户难以达成合作，会给小洋和公司带来什么损失？与这个客户存在相同需求的潜在客户有哪些？找到这些潜在客户之后，如何入手才能寻找合作的可能性？

然后，可以再审视一下自身的商业模式：是否有需要改进的地方？如何才能吸引并留住客户？如果交涉双方决裂，除了对方的问题，我们自身是否也有不足？我们是否考虑灵活变更商业模式的可能性？

这样分析下来，就能够保证一旦交涉双方发生决裂，我们也能够从容应对。

为交涉失败准备应对方案

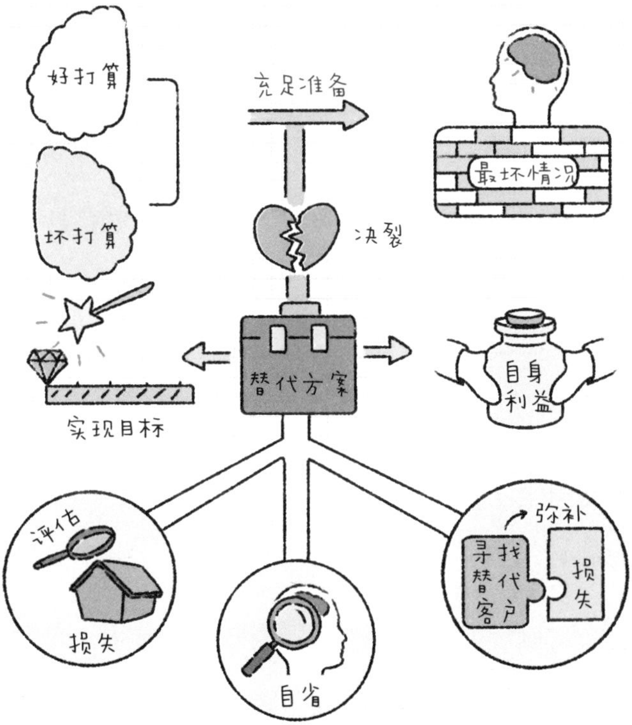

寻找最佳解决办法

商业上有一个缩写词叫“BATNA”，英文全称是“best alternative to a negotiated agreement”，意思

是在决裂的替代方案中寻找最好的解决之道。**一旦谈判或交涉决裂，我们需要第一时间拿出替代方案，而作为替代方案本身可能不完美、不圆满，这有可能是因为替代方案往往难以实现自身利益、价值体现和目标实践程度的最大化。**

凡此种种因素，都需要在替代方案正式被启动前的最短时间内得到最有效解决。小洋无法就合作项目与大型 A 集团达成合作协议，经过一轮有针对性的发掘，小洋找到了 B 公司，能在一定程度上弥补未与 A 集团合作决裂的损失。就此而启动的替代方案与原本的方案相比，虽然能弥补新品引进的损失，但预期收益减少了。

面对这样的局面，小洋就需要进行分析，是多寻找一个客户共享资源，获取更多的收益，抑或是为这个替代客户提供专业供应链以培养其今后的市场。

这是我们在启动替代方案时经常遇到的问题，因为替代方案一般难以达到我们原始方案的全部预期。遇到这种情况，我们需要随机应变，并做长远分析，针对客户发展的可能性及公司利益需求等具体情况，寻找一个最佳解决办法。

职场小路灯

● 做好最坏的打算，不是要我们做消极的心理准备，而是需要大家有目的地、周全地对待交涉。准备好替代方案，对于交涉有百利而无一害，因为它不仅能帮助我们应对交涉失败后的被动局面，还能帮我们减少失败带来的负面影响。

TOPIC

2–4

职场第一课·职场谈判

准备好纸质资料

● 将腹稿及设想用笔写下来为彩排预热，才能更好地发挥彩排的效果。

QUESTION

交涉是一种目的性较强的沟通，充足的资料收集及对背景因素的熟练掌握对于提升交涉成效非常重要，但真的需要一字一句写出来吗？

ANSWER

面对千头万绪的资料分析以及计划设置，我们掌握得越多，就能越顺利地与对方进行交涉。但你有没有真的吃透所有资料？你的交涉计划是否真的无懈可击？你可以通过写出来的方式将整个交涉过程用对话模拟出来。

准备好纸质材料，其实就是在交涉前期准备工作中的彩排，意思是准备好交涉所需的各种资料与分析文件，还可以预先在纸上模拟出交涉的整个过程，即模拟对话过程。

准备好交涉的资料和文件

交涉不仅是一个双方互换条件，最终达成合意的过程，而且也是一个展示双方优势条件的过程，这个时候就轮到你事前准备的纸质文件出场啦！

正所谓凡事预则立，不预则废，不论做什么事情，事先都要有准备，才可能成功，而没有准备就很有可能会失败。

那么在交涉前应该准备的纸质资料和文件都包括哪些呢？

第一，交涉对象的目标与背景；

第二，此次交涉中自己的优势和劣势；

第三，交涉前的现状与前景预测；

第四，交涉过程中可能会出现的一些问题和解决方法；

第五，你认为在交涉中需要重点关注的内容。

提前准备好交涉资料和文件有两点好处：一是在你整理己方公司资料的过程中，你会对公司的现状和前景有更加深入的了解，这在某种程度上会增强你在交涉时的自信心；二是你能够提前把控交涉过程中可能会出现的问题，在真正交涉的时候能做到不慌乱。

纸质资料包括的内容

真正的模拟对话稿，需要不止一份

模拟彩排所需的对话稿，固然无法全面涵盖交涉当日的实际对话情景，亦无法完美预知对方的态度和问题。但在准备模拟对话稿的过程中，我们经历了一个对交涉内容做出推断的过程，这也是我们对交涉进行深入思考和预测的过程，对于我们准备交涉应对策略、检验自身交涉计划非常重要。

为什么？正因为模拟彩排的对话稿难以一击即中，更难全面猜中对方的实际应答，因此，聪明的做法是针对对方可能会产生的2~3种反应做出系列模拟对话设定。

具体的方法如下。第一步，以自己的主攻思路为基础，设计一份模拟对话稿，而这个对话稿的大基调是对方接受你的思路。在“对方接受”这个大前提下，我们准备的模拟对话主要针对对方所提出的小疑问进行设定即可。第二步，以“对方不接受”作为大基调撰写模拟对话稿。在这个前提下，我们可以设定一些说服对方的话语，致力扭转对方的态度。第三步，以“对方摇摆不定”作为基调撰写有针对性的模拟对话稿。对方倘若摇摆不定，那么必然是对我们的能力存疑。因此，一方面我们需要以“说服”对方为主线，设定对话，另一方面还需兼顾对方可能会提出的各种疑问。

如果我们能在每次交涉之前均进行彩排，并且用心地将彩排中用到的模拟对话用白纸黑字呈现出来，而非单纯地打腹稿，这样才能更好地理顺交涉过程中的思路，避免因为一时大脑空白而失去主动权。

职场小路灯

●交涉前期彩排的对话稿准备，需要特别注意角色的切换，从对方的角度出发设计其可能做出的反应，尽量往自我挑剔的层面靠拢，规避一味从顺应自身计划角度出发的做法。

交涉前的彩排

彩排有助于周全思考，灵活应对实际交涉中可能会出现的各种情况。

●交涉是双向的，具有不可预期的可变性。但说交涉前的彩排无效，则有偏颇。需要明确的是，交涉前的彩排，正如模拟考试一样，侧重的并非押题的命中率，而是在彩排过程中，你对对方立场的反复思考，以及对你临场发挥能力的反复磨炼。

交涉前的彩排对于提升交涉的成功率及练就个人交涉能力非常有效，其中可分为单独彩排的预热阶段及双人彩排的实操阶段。

单人彩排的预热阶段

单人彩排，顾名思义就是自己单独进行的一种彩排模式，这是比较前期的预热阶段，一般是在个人针对自身材料整理，拟订出几种模拟对话稿之后进行的，属于自我调整阶段。

在单人彩排阶段中我们主要对自身进行两方面的考量。一方面是不断反复地就对话内容的设定进行审视，过程中不断向自己提问："客户真的会这样回答吗？""客户真的没有什么疑问吗？"尽量避开我们"理所当然"的思路，尽量模拟对方的角色，设定其利益出发点，对对话稿进行调整，让自己的应对更加尽善尽美。

另一方面，单人彩排还是对自我语言及肢体语言表达等方面的练习与检测，我们需要塑造和培养自己交涉时的能力与风格。**因此，单人彩排阶段，不能只是闷头对稿，最好是面对全身镜或者半身镜，假想自己面对的就是交涉对手，并设计好自己应该展现的神态、肢体语言，还需考虑个人精神面貌及商务礼仪等方面的呈现，这些都是交涉中的加分项目。**

双人彩排的实操阶段

当我们完成了单人彩排，将模拟对话稿的调整进行得差不多之后，我们就要邀请一个和自己相熟的、客观公正的朋友或者工作伙伴，一起进行互动彩排。

小米马上就要和一家大型的生鲜采购企业的工作人员进行会谈，小米在完成了单独彩排后，邀请同事一起进行交涉前的模拟排练。

在排练的过程中，同事提出的很多问题都出乎了小米的预料。自己虽然设想了客户会提出的问题，却没想到还有不少自己没有预想到的问题。这让小米觉得自己单独彩排的效果不是很好，这次的双人彩排对小米的模拟对话稿调整非常重要。

经过和同事的几次彩排之后，小米从同事的即时反应中得到了启发，继而对自己的对话稿进行了更多修改，也建立起了“客户也有可能这样问”的心理准备。

双人彩排具有互动性，同时也能很好地帮助自己跳出固定思维的框架，因此双人彩排阶段非常重要且有效。彩排过程中，我们要鼓励小伙伴尽量就我们的交涉用语、流程、方案等提出建议，这样能帮助我们修订整个交涉计划，让交涉前期准备工作更臻完善。

交涉前的彩排

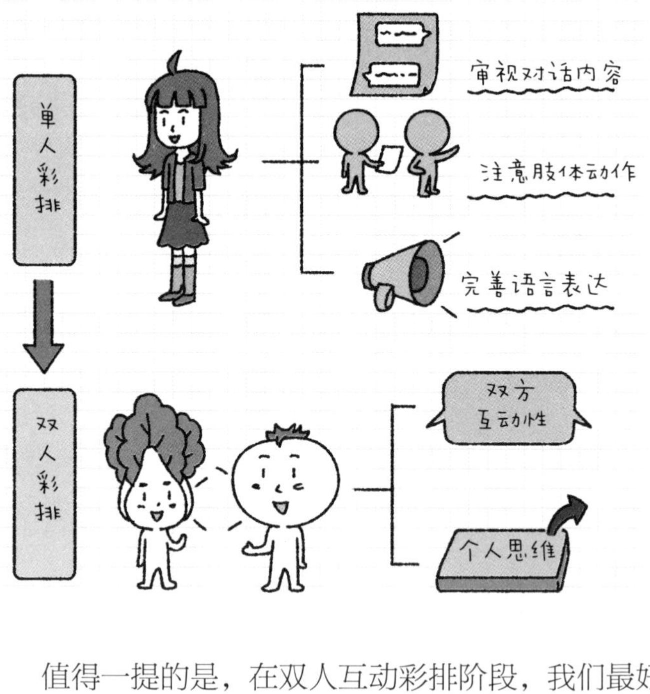

值得一提的是，在双人互动彩排阶段，我们最好有倾向性地选择逻辑思维能力较强、有一定交涉经验

的伙伴作为模拟对手。因为对方思考越周全，态度越认真，越具批判性思维，对于我们后续的交涉计划调整就越有利。

PRACTICE STARTS
课后作业

基本 交涉前期准备工作非常重要，运用科学的方法为自己加足马力。

活用 交涉前与其焦虑，不如先了解对手。提前做好彩排，预知可能的状况。

想要达成共赢很困难吗？不可避免要经历哪些困难？哪些交涉技巧可以化解这些困难？

一场交涉的最佳结果就是达成共赢。这不仅需要我们对交涉的全局有宏观把握，也需要我们对交涉的细节有微观观察。运用自身的优势吸引对方，达成最佳合意。

开拓你的交涉视野

第3章

如何达成最佳合意

TOPIC

3-1

职场第一课·职场谈判

成功交涉的三个阶段

● 任何交涉都不是一蹴而就的，一次成功的交涉是需要分阶段完成的。

QUESTION

实现目的，是交涉的原始出发点。我是不是应该在交涉过程中处处直奔主题，不断强调自己的目的以促成交涉成效最大化吗？

ANSWER

交涉是一种沟通，同时也可以被看作一门艺术。直奔主题、开门见山固然没有错，但了解交涉的基本阶段，分步骤地开展则更为保险且容易奏效，这样既能循序渐进，又能有的放矢。但这里提及的“循序渐进”不等于假客套，而是有目的地为自己的交涉目标做铺排。

在商务交涉中，交涉的双方毕竟不是敌对的关系，所以也不存在很大的利益冲突和矛盾，如果能够掌握一些交涉的技巧和原则，使得交涉双方的利益最大化，那么循序渐进地开展交涉，才能获得满意的交涉结果。

初级阶段：申明价值

小洋在与新的客户进行商业交涉之前，就制订好了交涉的方案。当交涉真正开始的时候，小洋就通过一连串的问题了解了新客户的实际需求，并针对客户的需求提出了己方的合作方案。新客户很满意，准备和小洋深入谈一谈。

任何商务交涉都是带有目的性的，所以在交涉正式开始之初，我们就需要先彼此沟通各自的利益需求。这是交涉的初级阶段，在这个阶段的关键问题就是要弄清楚对方的真正需求和目的是什么，同时这也是申明自己的优势的关键阶段。

所以在这个阶段，需要多向对方提出问题，打探对方的实际需要。与此同时还要根据对方的需求，申明自己的优势，让对方清楚地知道自己能够创造的利益价值。因为你只有了解对方的真正需求，才能知道申明何种优势才能够满足对方的需求。同时对方也知道了你的利益价值所在，进而满足你的需求。

中级阶段：创造价值

经过了初级阶段的沟通，如果你的优势申明能够打动对方的话，就可以进入交涉的中级阶段了。在了解了双方的实际需求之后，只是达成了一个合作的意向。这个时候所达成的意向并不是双方利益的最大化，也就是说双方的利益在这个时候是不能达成有效的平衡的。

即便是刚刚好达到了双方利益的平衡点，但是又不一定是最佳的方案。**所以双方在交涉的过程中都会想方设法去寻求最佳的合作方案，为交涉双方找到利益平衡点，这样才能创造价值。**

这一阶段也是很容易被忽略的阶段。如果忽略了这一阶段，那么在后续的交涉过程中，就容易因为利益不对等而产生矛盾，最终导致交涉失败。

当小洋获得了新客户的青睐，双方正准备就小洋准备的合作方案进行交涉时，因为小洋忽略了“创造价值”这一个步骤，并没有找到能使双方利益最大化的点，新客户始终不满意小洋给出的价格优惠力度，使得后续的交涉变得非常困难，交涉还曾一度中断。最后在小洋焦头烂额之际，王组长在小洋的报价上降低了1个百分点，并让新客户增加1吨的购买量，双方最终达成协议。

职场交涉的三个阶段

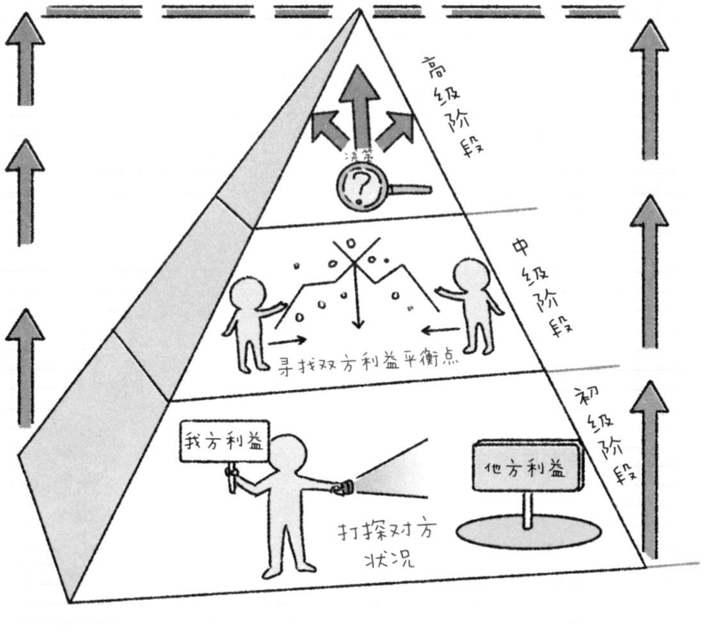

高级阶段：克服障碍

最后一个阶段是克服困难的阶段，此阶段往往是交涉的攻坚阶段。交涉的障碍一般来自两个方面：一是交涉双方的利益存在冲突，二是交涉者自身在决策上存在障碍。前一种障碍的解决方法是需要双方按照公平、合理的客观原则来协调利益，比如在商定新的方案或者针对互相提出的条件和要求时找到一个双方都能接受的平衡点；后一种障碍的解决办法就需要交涉无障碍的一方主动去帮助另一方以使其决策。

职场小路灯

●总括来说，把控好交涉的过程，就能够避免在交涉中出现这样那样的问题。交涉的过程中只有把交涉双方的利益最大化，才能够获得完美的结局。

TOPIC

3–2

职场第一课·职场谈判

为什么局面会难以打开

● 好的开局，是成功的一半。

QUESTION

为什么有的时候明明自己已经非常有诚意了，可是交涉对方却一直不明确表态，甚至一直含糊其词？遇到这种情况我们到底应该怎么办？

ANSWER

若在交涉过程中，对方迟迟不对你的要求或建议做出正面回应，很可能是交涉的局面还没有打开。这时我们需要先撇开交涉任务和目的，着力观察当时的状况，试着打开局面。

交涉的局面，在某种程度上影响着交涉的大基调，到底交涉是朝着共赢互利、各得其所的方向发展，还是朝着你进我退、我攻你守的方向发展，关键要看我们是否打得开局面，以及以何种方式打开局面。

固执己见，无助于局面的打开

小洋最近与一位老练的客户交涉下一季度的蔬菜供应计划，单子不小，小洋非常渴望拿下这个订单。于是，小洋在与对方交涉的时候，无形中将这种急于签成订单的心态表露无遗，并不断以让利为诱导，提出让客户签订新订单的要求。可是对方就是不点头，总是跟小洋绕圈子，使得交涉得不到实际性的进展。

同行的王组长事后跟小洋分析，小洋太过于执着于自身的目的，以为只要价格合适，对方就会签下订单，却忽视了客户对上一季度蔬菜供应的意见。这种缺乏售后回馈及服务的态度，会让客户难以全盘接受小洋的“价格好，订单值得签”的提案。

小洋急于达成自身目的，却忽略了对方的真实诉求及隐藏其中的问题。对方的诉求得不到重视与解决，自然就会跟小洋绕圈子，从而导致交涉局面打不开。

因为，交涉的局面如何打开，往往取决于双方的主观意愿，而非己方单一的诉求。通俗地说，你想当姜太公，也得有鱼愿意上钩才行。**所以，想要打开局面就不能唱独角戏，不能过于着眼自身诉求，还需从交涉对手方面的主客观因素入手，找到问题所在及其突破口，让对方乐意继续交涉。**

交涉之中，“敌意”的存在是危险的

比自说自话、完全不顾对方诉求更危险的是“让对方反感，甚至产生敌意”。我们也许能接受与一个不喜欢的人闲谈几句，毕竟泛泛之交，但我们一定不乐意与一个不喜欢的人合作，更不用说做出利益上的让步了。

通常商业交涉不会出现双方互有敌意的情况，毕竟两者不是敌对方，只是为了能找到利益平衡点而进行交涉活动。倘若在交涉活动中出现了冲突和矛盾，让对方对己方产生了敌意的话，交涉就没办法继续了。

所以在交涉过程中一定要避免让对方产生敌意。在交涉初期采取多提问的方式，先探听对方的想法和

需求，然后朝着双方利益最大化的目标去努力，才可能获得成功。

阻碍交涉进程的因素

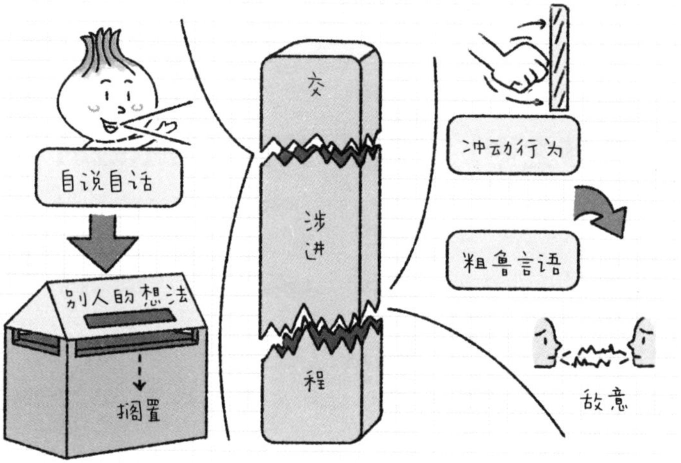

当事人过多而导致局面复杂

当然，除了上述固执己见及方法不当导致对方反感的主观因素，交涉过程中局面难以打开还有一种客观情况，那就是当事人太多，立场和利益点各有不同，导致整个协议过程趋于复杂。这也是非常常见的状况，对此，我们需要更加冷静地分析，首先要以静制动，先不要急于透露自己的立场，先了解清楚多方当事人各自的立场和诉求是什么，再对大家的争论点做出初步的对策分析，最后陈述自己的观点，务求达到一个承前启后的效果，让自己掌握一定的发言权，继而打开局面。

必要的事前分析很有用

或许大家会难以把握交涉过程中的种种复杂情况，甚至因为紧张或时间紧迫而难以做出冷静分析。

因此，在交涉前先对交涉各方的立场和利益诉求做出一定的揣摩，并且分析这种种立场所带来的影响，是非常必要的。我们可以采用列表比对的方法，将交涉各方当作一个主体，分别就这个主体可能体现的立场做出 2~3 种预判，再对这些预判分别做一个利弊分析表，制定应对策略。

这样，当我们真正开始交涉的时候，就可以借助这些对立场预判的利弊分析，提出我们事先有所准备的应对策略，以提升交涉现场的反应灵敏性和及时性，避免使自己陷入被动局面。

职场小路灯

● 想要在交涉之初打开良好的局面，我们首先要避免过于固执己见，要懂得尊重对方的诉求。同时，为了避免多方声音同时存在影响双方的思路，我们可以尽量减少交涉重要事项时的参与人数。与此同时做好前期准备，多针对对方的实际情况预设不同的方案。

TOPIC

3–3

职场第一课·
职场谈判

疏通问题的解决之道

● 将意思准确地传达给对方，才能有效地化解僵持的局面。

QUESTION

交涉总会有谈判、争执的局面。但具体到每一次交涉我们的争执主题都是不同的。那么，我们是否只能兵来将挡水来土掩，当出现争执时再去考虑如何解决具体的争执问题？

ANSWER

确实，由于主题不同，每一次交涉的争论点或者问题都会有所不同，但这不代表我们就可以听之任之，因为掌握一定的解决问题的技巧，就能帮助我们应对不少的交涉问题。

当交涉遇阻时，我们如何以合适的方法疏通各种问题？有技巧地将自己的意思传达给对方，不仅可以提升交涉的效率，甚至还可以避免在交涉中出现僵持的局面。

只有两人在场更有利于重要协议的达成

在我们的工作和生活中，但凡是直接牵涉双方利益的重要协议，最好尽量控制在两个核心利益相关者之间进行讨论，无须太多周边相关人员的介入。因为，介入者越多，意见和分歧也可能会越多，这些繁杂的意见反而不利于核心利益相关的双方之间达成共识。所以，当要进行重要交涉或者做关键性决定的时候，我们最好尽量减少参与人员，以减少干扰因素。

学会换个方式来说话

与所有日常沟通交流一样，交涉也讲求语言技巧和艺术。同一个意思，换一种更合适的方式来表达，往往能取得不一样的效果。

小米正通过社交软件与客户进行交涉，客户希望小米能适当降价，小米知道客户的订单额不高，于是打字道："对不起李先生，我们的采购价格都有规定：需要达到一定的订货量才能拿到 3% 的价格降幅。"即将发出信息之际，却被旁边的王组长拦住了，王组长建议小米将回复改为："李先生，只要您达到一定的订货量，就能享受3%的价格降幅，您要不要考虑一下？"

其实，小米跟王组长的回复是同一个意思，但是小米生硬的回复会让客户感觉到是因为自己订货量不足而不能享受降价的；而王组长的回复则能让客户感觉自己只要多买一部分就能享受整体优惠。这是两种截然不同的感觉，带来的效果也是不一样的。

在我们的日常交涉中也是如此，当我们对对方提出要求，或者表示拒绝的时候，我们应该尽量避免采取直截了当的方式，比如想说"你违约了"时，我们可以换个说法说"我对您未能履行合约内容感到非常失望""我对这项条款有些担忧"，像这样采用婉转的、非直接的表达方式，既能避免对方产生负面情绪影响后续交涉的进行，又能引起对方的反思，很有可能还起到促进交涉的作用。

避免无用的发言

交涉过程中，你的一言一语都代表着你的态度和观点，因此对待交涉时的发言，我们要非常慎重。其中一项基本要求就是避免无用的发言。

比如，较为常见的是对客户公司发展的评价。不少人会习惯性地在交涉后期表达出对客户所在公司或者行业的看法。其实这样做有点危险，因为你是合作方，对于客户来说，而合作方对自身行业的看法是非常敏感的。我们说得正合客户心意还好，倘若与客户自身的看法不一致，有可能会损害双方合作的信任基础，甚至让之前的交涉功亏一篑。**因此，交涉要做到就事论事，尽量减少无用的发言。**

学会排除干扰

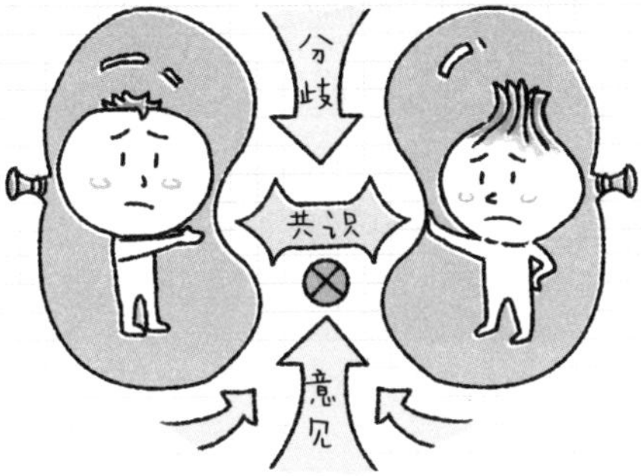

干扰因素越多，越不利于交涉的进行

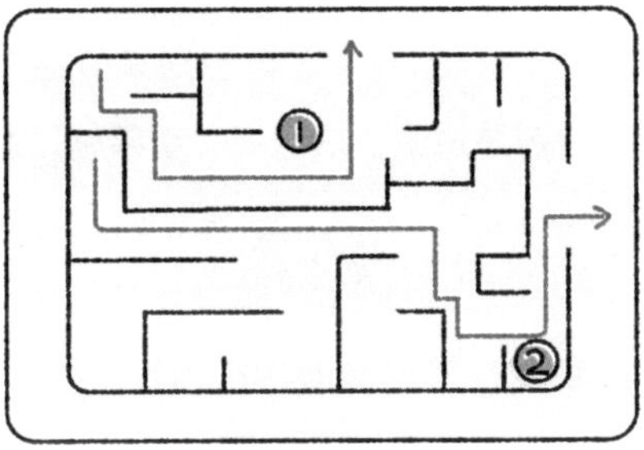

学会换种方式来说话

职场小路灯

●当交涉遇到问题或瓶颈的时候，我们可以先表达出对对方的理解和尊重，注意自己的言辞，不做多余的无用发言，同时学会婉转地表达自己的看法，避免对方产生抵触情绪。一旦关乎关键性的决定，还要注意减少参与交涉的人员数量，确保将干扰因素降到最少。

TOPIC 3–4

职场第一课·职场谈判

从自身出发为交涉排除障碍

● 交涉过程中会遇到不少障碍，我们首先要从自身入手排除潜在的障碍。

QUESTION

在交涉之前我们总会就交涉结果进行预设，于是我们总是围绕这个想法来开展交涉过程。但有时越是执着于这一点，结果越是事与愿违。

ANSWER

我们赞成对交涉进行预设，提前做好应对方案和任务计划。但是你知道交涉中还潜伏着一些障碍吗？这些障碍不是突发的客观事实，而是源自我们自身的主观认识。那么，我们来看看有哪些障碍吧！

避免过早的、过于武断的判断

交涉过程，就是一个不断通过对话来分析对方立场、表达自己立场、达成双方合意的过程。因此，我们对对方的判断也就存在于交涉的整个过程中。在这里需要特别留意一点，就是不要过早地、过于武断地给对方下判断。

小洋在和一个老客户交涉下一年度订单合同的时候就想得过于乐观了。因为这一年度与老客户合作得还比较愉快，没有发生过什么争执或者出现过失误，他就认为老客户肯定会继续按照今年的合同下订单。

但当小洋与客户刚说出自己的订单计划时，对方不满意了。原来去年这一批订单的生鲜蔬菜销路不怎么好，下一年度老客户准备转型做有机蔬菜。本来想听一听小洋公司明年有什么新的产品，却发现小洋只是在“炒冷饭”，于是就没有兴趣与小洋继续交涉下去了。

在交涉之中，由于过于武断，过早地对客户进行了定性，从而导致不少原本能提供给客户的条件并没有提供到位，这样必然影响交涉。相反，我们要做的是周到地考虑与客户相关的各个细节，尽可能全面地对待交涉。

没有适时地调整思路和方案

还有一个比较常见的问题是：针对交涉的实际状况，我们没有及时调整自己的思路和应对方案。**交涉前我们往往会抓住一个预设的方案和预期的成效，然后在交涉中努力实现自己的预期。**

但交涉是双方的，倘若对方对我们这个方案不满意，我们就需要及时调整，寻找其他突破口，选择一个对方能接受的新思路继续交涉，务求换条路达到合作的目的。这个时候如果过于执着单一的想法，不懂变通、不懂调整自身的思路，那么我们固化的想法和方案往往会成为阻碍我们与客户继续交涉的障碍。

双方合意比非胜即败更重要

小洋在清楚了老客户的新需求后为客户制订了一个新的合同方案，在与老客户周旋了几轮之后，老客户虽然同意了下一年度的蔬菜订单的方案，但仍旧坚持让小洋公司负责蔬果保鲜环节。不论小洋如何与客户交涉，客户就是不松口。小洋为此十分郁闷，突破不了这个难点，双方难以继续交涉。小洋觉得这就是他与客户的较量，他必须坚持“我们向来不为客户提供保鲜服务”这一点，否则自己就输了。

在双方的商谈僵持不下的时候，王组长将小洋从会议室叫出，指出小洋这种“非胜即败，双方总有一个胜利一个落败”的思路是错的。虽说对方要求小

为交涉排除障碍

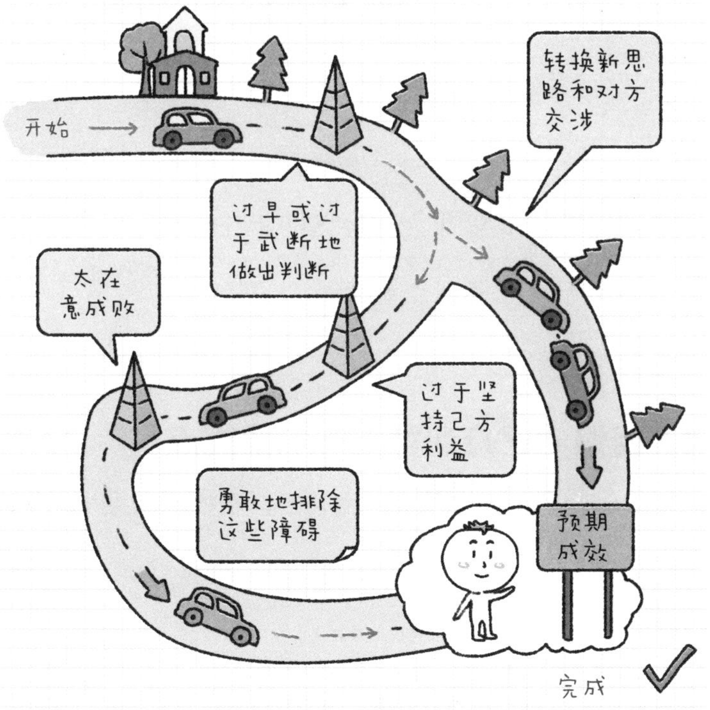

洋负责蔬果保鲜环节，但对方并没有说不付费啊，小洋如果能承接这个环节，并提出收取一定费用，这不是双赢的局面吗？经过王组长的点拨，小洋终于明白了。最后通过和客户沟通，客户表示愿意支付一定的费用用于产品保鲜的工序，小洋与客户最终达成了合作协议。

确实，生活中很多交涉就是这样，基于双方的成本与实际营运需要，对于某些条款，双方都会有所坚持，我们要具体问题具体分析，不要害怕对方提出的要求，也不要认为一旦答应对方的条件就是让步，就是失败。相反，如果能摒弃这种非胜即败的观念，我们或许能从一个争议点上找到共赢的方法。

警惕“己方利益第一”的观点

通过交涉使己方利益最大化，是我们的期望，同样也是对方的期望。因此，利己主义的存在是不可避免的。但我们还需警惕过于坚持“己方利益第一”的观点。己方利益固然重要，但倘若对方的诉求丝毫得不到回应，交涉也将无法顺利进行。我们之所以要与对方交涉，是因为我们双方都有对方需要的东西。**因此，着眼己方利益的同时，我们也要尽量灵活应对对方的诉求，这样才能最终实现合作。**

职场小路灯

● 想要交涉过程顺畅，除了不可预期的客观影响因素之外，过早下判断、过于坚持己方利益、过于重视交涉的胜负成败也是造成交涉不顺畅的障碍。因此，我们应该在每次交涉前反复提醒自己警惕这些主观性障碍的出现。

TOPIC

3–5

职场第一课·职场谈判

交换条件的风险与好处

● 条件交换是交涉中经常用到的技巧，在看到其好处的同时也要留意风险。

QUESTION

交涉的时候，对方总会以自身的利益为出发点提出各种要求。我想，我们可以就此提出交换条件，从而让彼此利益都得到满足，达成双赢。这样也就能确保交涉取得成效啦！

ANSWER

确实，交换条件很常用，其好处在于能够在满足己方诉求的同时满足对方的一些要求。但同时，交换条件也是有风险的，因为交换条件的决策往往是临时做出的，我们来不及深入分析其中的影响，一旦如此，就会对交涉目标的实现造成影响。

交换条件是一个非常好用的技巧，但并非万无一失。我们要辩证地看待它，视情况慎重采用。

审视交换条件的诱惑

在交涉的时候，如果能抛出具有一定吸引力的交换条件，诱导对方答应自身的诉求，确实是更快达成合意的方法。**但需要注意的是，交换条件本身是一把双刃剑。**

小米与客户进行交涉时，客户提出了交换条件的意愿，客户的条件是“你只要愿意免费提供物流，我可以增订 50%”。

面对 50% 的增订量，小米心动了，但细心盘算一下发现，一旦小米公司负责物流，即使算上增订量的整体毛利，其实际利润也比不负责物流、无增订量的利润要少得多，因为这批货属于毛利少、物流费贵的类型。

在这里小米险些掉入“增订 50%”的陷阱。其实生活中不少交换条件看似很诱人，但实际上暗藏“玄机”。**因此，我们需要具体问题具体分析，明辨这个交换条件是否有利于己方，不能单纯地被眼前的“50% 的增订量”蒙蔽。**

注重等价交换原则

但并非所有的交换条件都是毒药，同样也并非所有的交换条件都是蜜糖。那么我们应该如何更好地把握交换条件呢？最为关键的一个基本原则是等价交换。等价交换不单指利益的等价，也指对于预期成效的推动作用是否相等。

小米细致地计算了风险，客户虽然增订 50%，但这并不能弥补小米因为承担物流费而折损的利润。

辩证地看待交换条件

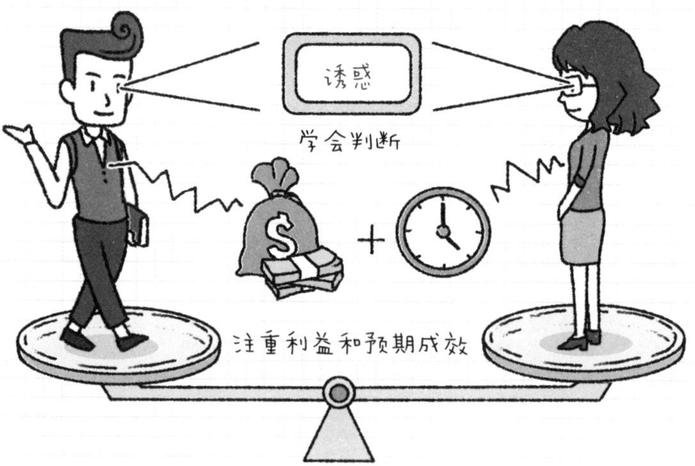

断然回绝客户显然不利于交涉的继续开展，于

是小米灵机一动，通过计算物流费用和利润的相关比例，推荐客户将增订数量提升至原本总订货量的165%，这样，小米就不会损害总体利润，还能加大出货量。

等价是交涉时交换条件的基本要求，也就是说，对方提出的交换条件起码能与己方原始的获利条件相符时，我们才可以思考是否与对方进行条件交换。

易货交易只适用于简单的交涉

小洋最近与一家快餐公司进行交涉，对方提出以餐饮代用券代替小部分货款的建议，由于牵涉的金额不大，小洋为表达合作诚意，于是答应了对方的请求。但在后来的供货中，对方进一步提出以第三合作方的配套产品代替部分货款，甚至提出从中牵线，介绍第三方从小洋公司拿货从而抽取提成，再以这些提成抵换小洋公司蔬菜产品等系列要求。面对牵涉几方面利益，包含中介费、服务费等多个方面的内容，小洋对其后续要求进行了婉拒。

在社交中常用的诸多“交换条件”中，有一种易货交易是比较常见的。比如我给你提供货品 A，你给我提供货品 B；又或者对方以若干数量的产品来抵消应该付给己方的部分货款等。这些是常见的较为简单的条件交换，适用于小宗交易。

但倘若涉及面比较广，或者是关乎重大项目及利益，则不适用。因为易货交易所得的是货品，没有灵活的流动性，此外还需考虑我们对该交换货品的需求程度。所以，对于大型复杂的交易，我们要关注更多的细节，而不应该耗费精力在以货换货上。

职场小路灯

● 交换条件的好处在于有时我们能更快地与客户达成共识，各取所需。但同时，交换条件也存在由于分析不透彻而影响实际利益、跌入对方的“陷阱”、做出不必要的让步、交换没有实现等价等风险。

TOPIC
3–6
职场第一课·
职场谈判

制造有创意的选项

● 非此即彼的选项容易让对方产生抵触心理，有创意的选项则更能有效地吸引对方。

QUESTION

交涉的时候，有时会遇到一开口就遭婉拒的情况。我们在交涉之中提出的条件和要求都是围绕己方利益来设定的，但这些条件和要求难以让对方接纳应该怎么办呢？如何才能让交涉对手听后首先考虑一下而非直接拒绝呢？

ANSWER

根据己方利益设定条件和提出要求是符合常理的，但是这里有一个巧妙的处理手法，那就是当我们给对方提出要求的时候，可以给对方一些有创意的选项，而非直白地、单一地陈述自身的条件和要求。

无论是给对方提出要求还是满足对方的要求，我们自身需要先设定好己方的选项内容。而在这个环节上，倘若能将选项设计得有创意，就能大大提升对方对选项的接受程度，从而提升交涉的顺畅度。

对方的需求，是最好的突破口

交涉更像是一个交易的过程，最理想的状态是交涉双方“相互满足”。其次就是你进一步我退一步或者我进你退。基于这个大前提，如果我们期望对方更好地接纳己方提出的条件，最好的办法就是找出对方的需求，在满足己方利益的基础上，对对方的需求给予额外的满足。

小米与一位客户交涉交货日期延后的问题，对于客户来说，延迟交货自然会造成一定程度的损失。小米提出减免一定的费用以补偿客户损失，但是客户要货很急，不同意小米的解决方法。小米静下心来分析，既然客户不同意费用方面的补偿，证明客户确实非常需要这批蔬菜，蔬菜的准时到位是他的基本需求。于是小米提出由公司重新在市面上高价采购这批蔬菜先提供给客户，不收取差价费用。客户看小米诚心解决问题，于是同意了小米的方案，后来把延期交货的蔬菜也采购回去了。

客户之所以会答应小米的条件，是因为小米找准了客户的真实需求，并且提出了由蔬菜公司高价采购先提供给客户。这是一个花了心思为客户着想的选项，更容易被客户接受。虽然公司受到了一定的损失，但是维护了公司的形象和信誉。因此，我们常说，交涉之中，最大的筹码其实不是你能提供什么，而是客户需要什么，能在交涉中提供正合客户心意的选项，更能提升交涉成效。

事先考虑“下点功夫”的选项

当然，交涉过程中需要讨论的事项会很多，单纯依靠临场发挥去提出有新意的选项对于交涉者本身的思维和应变能力都要求极高。**因此，我们应该适当地做好事前准备工作，在前期阶段先用心准备一些“下点功夫”的选项。**

由于蔬菜运输易受恶劣天气影响，需要延期供货的不止上面提及的一个客户，小米接下来准备继续与

准备有创意的选项

另外几个受影响的客户交涉。小米一心想着按照之前的做法尝试沟通。可试了几次，却发现并非每一个客户都同意这个方案。

对于小米来说，最有效的方法是根据每个客户的实际情况，事先准备一些有创意的选项。比如对那些并不硬性规定到货时间的客户，可附送新产品作为补偿；而对一些物流费用特别高的客户，可以采取适当减少一些运输费的方式作为补偿。

我们提供给客户的有针对性的选项越多，就越容易满足客户的需求，从而提升客户对我们的接受程度，促成合意的达成。

职场小路灯

● 找出客户的真实需求，并针对对方的需求设计选项，是让对方更好地接受交涉事项的捷径；若能进一步为客户的需求“量身定制”不同的选项方案，那么被拒的风险也就会大大降低。

TOPIC 3–7

职场第一课·职场谈判

让对方准确理解己方要求的方法

● 交涉顺畅离不开双方对彼此透彻的理解，互相理解也有小技巧。

在与对方交涉的时候，有时会就一项内容耗费大量的时间给对方解释，但有时在耗费大量时间之后仍然无法取得预期效果。我现在已经知道了打开局面的方法，但面对这种难以解释清楚的情况，到底应该如何解决？

当双方就某一个点僵持不下的时候，我们就要思考，对方是否对你提出的内容理解不当。理解不当较为常见的两种情况是：对方对你提出的内容本身不理解、有误解，又或者内容本身不符合对方的需求与逻辑。在前一种情况下，我们就要选择一个让对方更容易理解和接受的方式。

交涉中的意见不一致，有时源于双方对对方要求的理解不透彻，因此，充分、全面、完整的理解，是交涉顺畅的重要保证。那么，在交涉中有哪些方法能让对方精准地理解我们的诉求呢?

不用强推强卖的说话方式

当我们向对方提出交涉事项，尤其是向对方解释条款、提出要求的时候，一定要拿捏好陈述的方式和用词，一方面我们要尽量表述清楚内容，另一方面我们还需表现出商讨的态度，不能将“商议交涉”变成“我说你听”。小米在与客户沟通蔬菜订单里的发货品种问题时，由于公司现在针对老客户有优惠活动，只需客户加订 50 公斤新推出的有机蔬菜，公司就会为其整体订单总额打折。小米觉得非常划算，一直给客户推广这个优惠，但该客户所经营的生鲜超市开在一个老城区，顾客都是附近的老邻居，客户对这款价格高的有机蔬菜并无太大兴趣，但小米依然强烈推荐，导致客户产生了小米在强行推销的感觉，整个交涉过程并不愉快。

小米的出发点是好的，但她过于坚持自己的主张而忽略了对方的实际需求与感受。其实交涉双方都会有自身的主张，双方都期望交涉结果更贴近自身的利益。因此，在阐述和表达己方主张的时候我们要留意对方对我们主张的接受程度、态度的变化，不能将自己的想法强加给对方，否则就会出现耗费了时间却难以解释清楚，甚至让对方反感的情况。

交涉过程中不能忽略对方的逻辑

还有一个问题就是双方的逻辑问题，我们在交涉过程中会按照自身的利益，利用符合这个利益的逻辑去陈述自己的要求。比如上述例子中，小米只顾着坚持自己的主张，而客户却有别的想法。小米认为自己的想法是没有问题的，是顾客没有理解自己的好意。但是忽视了顾客话里的逻辑“我们那的顾客都是 50 岁以上的老人家”。这就说明该客户的顾客群大多是年纪大的顾客，对价高的有机蔬菜关心度不高，反而更喜欢便宜又新鲜的蔬菜。

如何准确地表达己方的需求

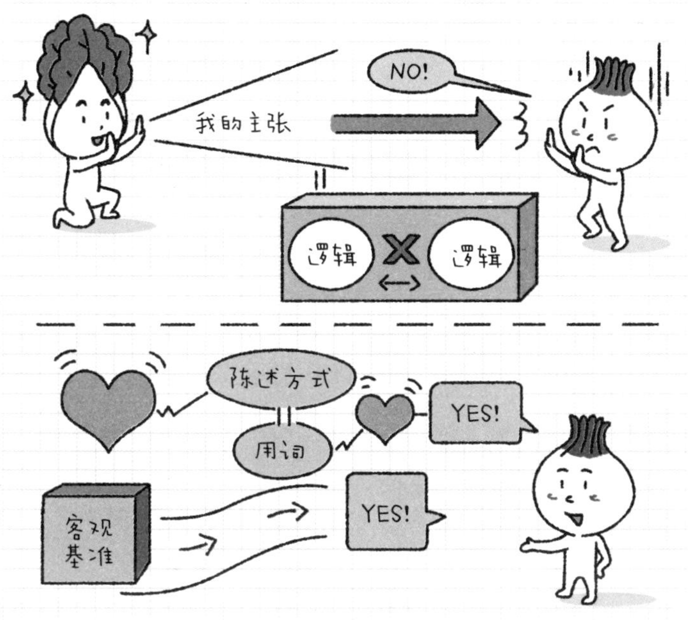

基于客观基准出招，更容易让对方认同

当小米意识到自己的错误之后，马上转变思维与客户重新协商订单，在确认了客户的意向之后，与客户商量货款分期付款的问题。本来按照公司规定，客户在第一期要支付全部货款的 50%。客户觉得 50% 太多，提出暂时支付全部货款的 30% 的要求。小米并没有马上说不行，而是平心静气、毫不含糊地跟客户解

释为什么这种做法对双方都有保障：一来公司可以为客户发出全部货物，让客户的超市能正常运作；二来客户付给供应商一半的货款，可以将双方营运和资金上的风险降到最低。这样说，非常合乎情理，也符合双方的客观需求，客户最终也接受了支付全部货款的50% 的要求。

很多时候双方的不理解，源于对方认为我方提出的要求都是以我们单方的利益为出发点的。这种想法很容易影响对方的思路，从而影响交涉的结果。

职场小路灯

●想要让对方更好地理解和接受我们的要求，首先我们要避免强推强卖这种过于明显的做法，巧妙地以客观基准作为辅佐的依据出招，不要让对方认为我方的要求都是以我们单方利益为出发点的。

TOPIC 3–8

职场第一课·职场谈判

不能忽略团体动态

- 我们的团体动态也是交涉另一方考量的基准之一。

QUESTION

与客户的交涉明明看起来有希望，可是到最后，客户就是难以下定决心与我们签约，说是对我们的团队协作性表示怀疑。真让人奇怪，难道交涉之中，我们有哪一些地方做错了吗？

ANSWER

也许你在整个交涉过程中都表现良好，甚至如鱼得水，但对方考量的往往不仅仅是你本人，还有你身后的整个团队。毕竟，与对方合作的不单是你个人，还有你的整个团队。因此，想要给对方留下良好的印象，应当处理好团队动态，让对方对你的团队有信心。

无论是上班族还是创业精英，相信大家都知道团队的力量，而正因为我们并非单打独斗，所以团队给交涉对方的印象也是非常重要的。如果通过与你的交涉，对方能感受到你整个团队的创造力和活力，那么整个交涉的价值就能更好地体现。相反，如果在交涉过程中，你的团队给对方留下了负面印象，那么即使你个人表现再好，对方也很难有信心与你们合作。

对外交涉前，先做好内部交涉

团队内部运作是否畅顺，对于团队力量的发挥有着至关重要的影响。小洋和小米合作跟进一个大型客户，但由于二人在交涉前没有进行明确分工，导致在交涉中客户问及物流运输的具体负责人时，二人面面相觑，一时答不上来。这无疑给客户留下了团队不成熟、分工不明确的印象。

在对外交涉开始之前，做好团队内部的沟通与分工非常重要，因为良好的内部沟通和分工一来能使各自的责任和义务更加明确，二来还能合理善用团队资源，按照分工来准备各自的工作，避免工作重复或疏忽，能更有针对性地应对好外部交涉。

处理好内部不一致的利害关系

即便是一个团队内部，也会存在不同的利害关系，正如蔬菜物流运输工作涉及冷链、保鲜、保价等众多环节，属于吃力不讨好的差事，小洋和小米都不愿意主动去接这块烫手山芋。而项目总联络人的职位则不一样，虽然琐事多，但能让公司领导看到自己的业绩，是一个表现能力的好机会……诸如此类，每个人看待事物的出发点与立场不同，于是每个团队不同个人之间，甚至部门之间都会存在各自的利害关系。内部稍有意见不合是正常的，我们不能完全忽视这种不一致，但我们要做的是无论内部意见有多么不一致，在交涉的时候还是要一致对外。因为团队内部观点不一很可能使个体的工作方向出现偏差，让团队做不到“力往一处使”，从而难以发挥团队的最大力量。而且，在交涉之中，一旦我们把内部的分歧暴露在客户面前，很容易让对方丧失对己方团队的信赖度，甚至有可能出现团队内部提出不同的主张，让对方无所适从的情况。这些都会严重影响双方的交涉和合作。

团队内的相互牵制与配合

论及团队内人员及部门之间的牵制和配合，关键在于做到“压力同调、阵脚不乱”。

所谓压力同调，是指大方向和目标要始终保持一致，大家都围绕同样的目标努力，而非一方努力，另一方松懈，甚至出现某一方拖后腿的情况。而阵脚不

管理好内部团体动态

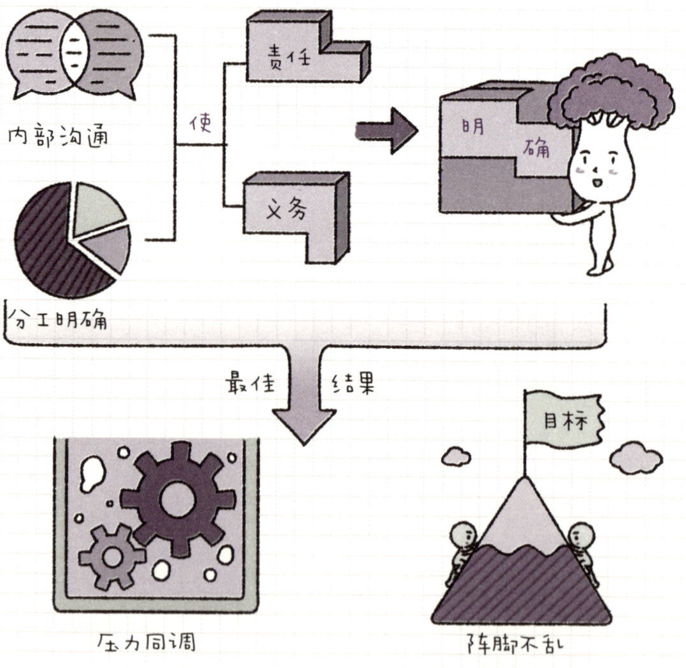

乱，是指协作和配合程度要高，哪怕双方的意见和追求并不完全相符，甚至存在互相牵制的情况，也要在对外交涉的时候相互配合。

小洋和小米在项目后期的意见并不完全一致，但二人有同一个目标，面对同样的压力，那就是让客户满意、达成合作，然后完成回款任务。因此，二人在保持这个大步调一致的前提下，还是能够撇开不同意见开展工作，这就是“压力同调、阵脚不乱”。

职场小路灯

●在与客户交涉的过程中，团队动态有时会被我们忽视，而这也将影响客户对我们团队的印象，因此，我们要善于从分工协作、内部矛盾协调等方面入手，解决团队内部意见的不一致，互相配合完成共同目标。

TOPIC

3–9

职场第一课·职场谈判

让对方走进你的预设框架

● 交涉不是姜太公钓鱼愿者上钩，而是需要用心去引导对方“上钩”。

QUESTION

虽然在交涉前已经做好了预设，但是一旦正式开始交涉的时候，却发现预设的办法都不能让对方“上钩”，也没有办法明确对方的真实意图。此时交涉难以进行，该怎么办？

ANSWER

遇到这样的情况，需要思考我们是否用对了方法，我们采取的陈述及“诱导”技巧是否足以让对方“上钩”。这里所说的“上钩”是指，让客户进入我们设定的思路，最终同意我们的方案和要求。

交涉并不是一个简单的“愿者上钩”的过程，如果想要达成我们的目的，我们不仅要考虑自己想要钓什么样的鱼，还需要考虑给对方下什么样的诱饵，采取什么方法去下这个诱饵，对方才会喜欢，才会心甘情愿地“上钩”。

先从最简单直接的方案做起

首先，在对方态度和想法未明确的时候，我们可以采取一个简单直接的方法，那就是先将最基础的方案拿出来。这个最基础的方案其实就是在我们未考虑客户的质疑和特别要求的情况下可以做的力所能及的事情。小米正在和一个蔬菜销售网络平台交涉蔬菜供应项目。起初因为网络平台售卖的蔬菜品种很多，价格也不稳定，小米不知道该如何为该网络平台制订供货方案。在王组长的指点下，小米研究了该网络平台近一个月来的销售数据，认为有机蔬菜是该平台的热销产品，于是想在正式的交涉中引导该网络平台多进购有机蔬菜。这样小米的方案就很简单明了，在交涉的时候就能够明确己方的优势。

不同的客户固然有不同的需求，但我们首先要给自己留出交涉的空间，一方面让我们时刻记得己方的利益和底线，另一方面也能向对方表明我们的基本态度。

伺机而动，时进时退

如果我们交出了己方认为最优的第一方案，客户也立刻同意了，这是最理想的。但这种情况很少出现。所以，我们要在第一方案的基础上，根据客户的态度来做出调整，根据形势决定进退。

交涉过程中，该网络平台认为，小米制订的每日供应量计划，使该平台承担的耗损风险太大，平台不乐意接受。于是小米根据平台的要求，制订了新的方案：销售量低但价格较高的几款蔬菜，公司可以在平台用户下单后再安排配送，但销售排行靠前的蔬菜，依然要每日定量供应。

小米的条件其实是一种以退为进、伺机而动的方法。答应客户非热销蔬菜可以按需供应，这是小米的让步；而坚持热销品种要每日定量供应，则是坚持将己方耗损风险降到最低的做法。对方之所以不同意全部品种每日定量供应，关键在于担心部分蔬菜销售不出，造成损失。而小米根据销售排行，答应将一部分销量较低的蔬菜按需配货，则是回应了客户在这一方面的基础性的利益诉求。这种互相让步、彼此配合的灵活交涉，也有助于双方及交易流程整体减少耗损风险。

如何让对方走进你的预设框架

引入第三方协助调解

如果己方采取了一定的让步仍无法使双方达成共识，那么这时候我们可以考虑引入第三方帮助协调。这个第三方，最好是中立的、客观的，熟悉行业惯例且能够针对实际情况做出客观评议和理智选择的。

在选择这个第三方时，首先，要确保其与交涉双方无利益瓜葛，这样才能确保在调节过程中公平公正；其次，它应该能找到矛盾的焦点。基于以上两点，最好是选同行业或者相关行业的经验丰富的第三方更为妥当。

职场小路灯

● 我们要善于采取更加容易让交涉对方“上钩”的办法，除了初期的“倾尽己任”，向对方表示我们诚意之外，在交涉过程中还要灵活应对，让对方看出我们的“让步”。此外，还需要提前准备，在难以调解之际可以引入第三方协助协调。

灵活应对交涉，成为职场高手。

交涉后期的注意事项

交涉的最后阶段切不可掉以轻心，应仔细审视以求稳妥。

●我们需要明白交涉过程顺畅与交涉顺利结束之间是有明显的区别的，因为交涉的过程侧重协商及口头承诺，而若想要整个交涉都圆满，我们需要有技巧地结束交涉，并且将过程中所有商议到的事项都总结到对双方有约束力的合同或者协议上。

留意时间轴和法律方面的问题

时间轴是我们经常会忽略的一个问题，因为循环反复的交涉过程不仅对交涉预期的达成没有帮助，同时容易挫伤双方的积极性，导致双方对合作事项的兴趣度降低。所谓“趁热打铁”就是这个意思。

因此，我们建议在交涉过程中要特别留意时间轴。比如小米所在的公司是做蔬菜配送的，如果在交涉的过程中浪费了太多时间，那么就会错过很多应季的蔬菜。所以在双方交涉之初就要设定好交涉的时间轴，把每个时间段应该做的事情都标示清楚，时刻提醒自己。

此外，我们还必须要留意法律问题。对于没有专门的法务部的公司来说，在设计方案及交涉商谈之中，要时刻留意己方提出的要求或者对方提出的条件是否合法合规，是否在现行法律框架下行得通，这也是我们不可忽视的问题。

管理约定，不要轻易承诺

小米就青椒的发货数量和客户交涉，客户要求 1 吨青椒需在 5 个工作日内交货，因为小米急于签成订单，所以就不假思索地答应了。其实当时小米公司收购青椒的主要产地发生了洪灾，青椒歉收，而小米急于完成订单任务就轻易承诺了客户 1 吨的数量。最后公司只能以高于跟客户约定价格的价格在另外的产地收购了青椒，按时提供给了客户，才避免违约的事情发生。

在交涉中要避免第一时间轻易承诺。有时只想快点达成合意，就想当然地觉得客户的要求“应该没问题吧”，但实际回公司后发现不可行，如果此时再回

交涉需要注意事项

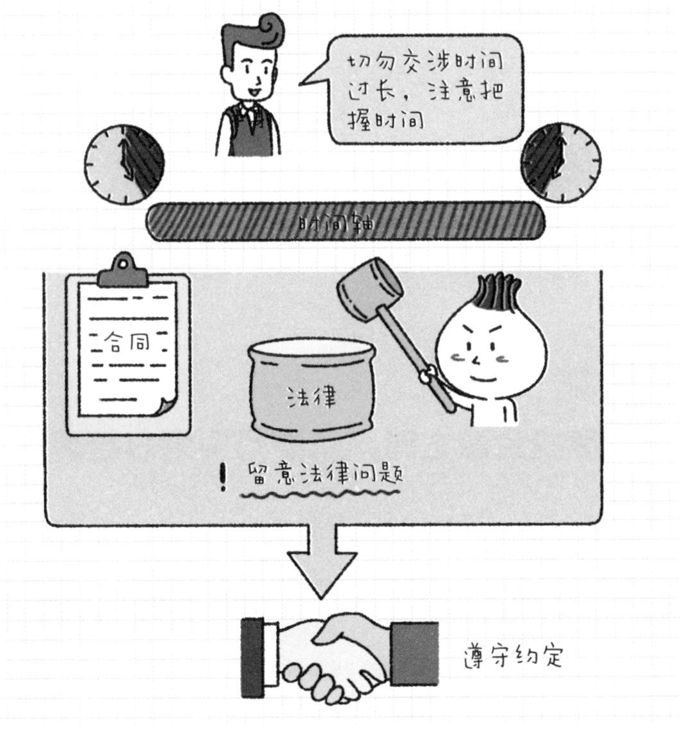

绝客户很有可能会让对方勃然大怒，并会让他人严重怀疑己方的实际能力。**因为一旦许诺了对方，我们就需要执行，而执行过程需要人力物力。所以，面对客户即兴提出的要求我们要进行冷静分析，看看是否在己方能力范围内，再决定是否答应。**

其次，不能做到事事满足，事事答应。对于含糊的约定和没有明确写进合同的约定，对方能不能遵守，心里要有所戒备。

交涉中，不论多小的约定，都应该留意并好好遵守。所以，在交涉的准备阶段，对于能承诺的、不能承诺的、需要回公司讨论的等各种问题，最好都进行分类，并做好心理准备。

形成合意之时，就要落实到白纸黑字

交涉过程中存在很多主观因素的影响，比如同样的内容很可能客户前半场答应了，后半场却又变卦，甚至假装自己压根儿没答应过，尤其是对于有风险的内容。**因此，在交涉中遇到涉及双方利益的重要事项或者存在风险的内容，必须要具体落实为白纸黑字。**比如蔬菜运输途中可能会对产品造成一定程度的外皮损伤，因此小洋每次跟客户签订协议时，都会将“外皮轻微破损不影响质量”等条款也体现到合同中，避免引发纠纷。

PRACTICE STARTS
课后作业

基本

在交涉的过程中不要轻易承诺对方，为交涉成果的执行做好保障。同时，避免法律问题和其他问题的出现。

活用

留意时间轴和法律方面的问题。管理约定，不轻易承诺。形成合意之时，要落实到白纸黑字。

交涉中一直出现冲突是正常现象吗？到底如何界定冲突？如何冷静地应对这些冲突？

交涉中发生冲突时，不要慌乱，更不能打乱自己预设好的交涉流程。摆正面对冲突的态度，抓住和解的机会。

开拓你的交涉视野

第4章

冲突管理及应对方案

TOPIC 4-1

职场第一课·职场谈判

全方位了解冲突

● 冲突就像是堵塞河流的淤泥，会让交涉举步维艰。

在交涉的过程中总会出现各种各样的冲突，这些冲突是如何产生的？我们该如何应对呢？

交涉中出现冲突的情况并不少见，主要是由双方各持己见、信息资源不对等、说话方式不恰当等原因造成的。所以在交涉过程中学会正确地看待和解决这些冲突是十分必要的。

在上述产生冲突的原因中，很重要的一条就是双方各持己见。要知道在交涉当中双方意见不统一再正常不过了，但如何避免将其上升为冲突也是一门学问。

正确地看待冲突

世界上没有完全相同的两个人，即便是双胞胎也有可能性格迥异。双方在交涉的过程中总是会产生各种不一致，这其实就是思想的碰撞和信息的交流。

小洋最近与运输承办商就运输过程中蔬果的保质问题进行了交涉，原因是公司前一段时间委托运输方运输一批进口水果，结果小洋收到货后发现不少水果都变质了，已经无法销售，因此他拒绝收货。而运输方则声称运输时间、控制条件等均符合小洋的要求，对水果变质一事概不负责。小洋对此非常不满，于是要求对方减免运输费，以承担部分责任。但运输方依然坚持此事与自己公司无关，需要追收全款运输费用。于是小洋和运输公司在交涉中起了冲突。

我们可以对小洋的例子进行分析。水果变质应该由谁来负责？双方都希望由对方承担损失。这就是一个在交涉的过程，因为双方各持己见导致的冲突。运输方和小洋都站在维护自身利益的角度去和对方进行交涉，势必就会产生冲突。

意见对立不等同于冲突

没有一种交涉是完全零分歧的，不管交涉的气氛多么和谐，双方完全没有争论、没有意见不一致的情况也是极少存在的。说到这里，大家或许就会疑惑了，既然几乎所有的交涉都有分歧甚至争论，都有大大小小的意见不一，那交涉过程中是否一定会出现冲突呢?

不一定!

虽然我们上面提及因为意见不统一而出现的冲突时有发生，但并非所有意见相左和对立都会上升到冲突的层面，因为在从意见不一致的争论到正面冲突这个过程中，双方的态度、思路调整及沟通技巧起到了很重要的影响作用。比如上文中小洋的案例，如果小洋和运输公司在发现对方不愿意为水果损失负责的时候，其中一方改变强硬的态度，则冲突就能避免。所以说，**我们无须为交涉中的争论而过于紧张，关键在于当我们察觉双方观点偏差较大的时候，要注意采取适当的技巧和交涉策略，避免将争论升级为冲突。**

冲突的化解取决于双方的共同感知

如果上述例子中的小洋在发现水果变质不能销售之后能够站在对方的立场，与运输公司协商让其在下一次的运输费中给予一些折扣，运输公司会认为自身也有些许责任，也许就欣然答应了。这样既挽回一定的损失，又没有让双方发生冲突。

可见，冲突是否能化解，很大程度上取决于双方的共同感知。所谓共同感知是指交涉双方在明确双方

全方位了解冲突

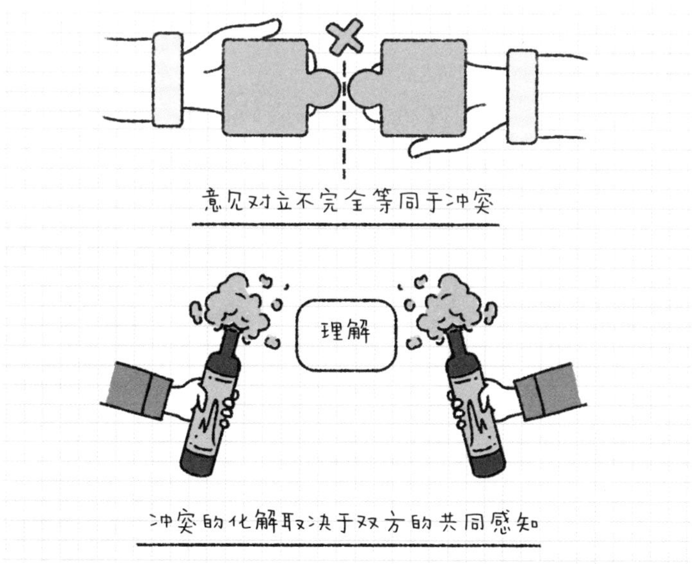

争执点的同时，对对方的情绪、态度亦出现了程度类似的感知。**一般来说，冲突是“一个巴掌拍不响”的交涉产物，如果一方强硬乃至出现抵触情绪，但另一方仍未感知到对方的态度和情绪，那么冲突不一定会出现，因为对方感受不到另一方的“针锋相对”，这个冲突就很可能“冲”不起来。同理，如果让对方感受到己方化解冲突的诚意，对方往往也会做出类似的让步，进而化解冲突。**

职场小路灯

● 冲突是双方的意见对立的产物，同时我们也可以在交涉过程中通过缓和态度、改变技巧等手段化解冲突。

TOPIC 4-2

职场第一课·职场谈判

应对冲突的良策

● 掌握应对冲突的方法，有助于缓和氛围，创造更好的交涉环境。

QUESTION

交涉中偶尔遇到与对方产生冲突的情况，面对冲突，我们一般会据理力争，但结果往往事与愿违，甚至导致交涉陷入困境。难道，每当遇到冲突，我们都要选择妥协吗？

ANSWER

面对交涉冲突，当然不能一味地妥协，也不能视若无睹地选择回避。最好的方法是采用恰当的应对方式去化解冲突。

冲突在众多交涉情境中在所难免，无论是己方引发，还是对方挑起，我们最好的处理办法是及时、冷静地制定应对冲突的良策。

对冲突进行整体上的把握

想要有效地应对冲突，我们首先要对冲突从整体上有一个很好的把握，了解冲突的构成要素。虽然不同交涉情境下出现的冲突会各不相同，但每种冲突都由两大要素构成，具体包括冲突的诱因和双方的立场。把握好这两个要素，我们才能更好地针对冲突内容本身做出应对。

小米最近与一位客户发生了冲突，对方收货后认为到货的进口牛油果比预订的货版尺寸要小，于是客户要求小米按照迷你牛油果的批发价来结算。小米发现这批牛油果尺寸确实比上一批个头小了一些，但远没到迷你牛油果的程度，于是拒绝了客户的要求，毕竟迷你牛油果的价位比普通牛油果要便宜近 5 元 / 千克。于是双方起了争执，引发了冲突。

以这个案例来分析，我们可以看到，双方对于牛油果是否应该按照迷你牛油果的价格结算产生了分歧，这是冲突的诱因。而后，我们可以分析双方的立场，小米的立场是“牛油果个头是小了一点儿，但远没到迷你牛油果那么小，所以需要按照正常牛油果的价格来结算”。而客户的立场是“牛油果的个头几乎相当于迷你牛油果，应该按后者价格来结算”。通过对这两点进行分析，就能够从整体上把握这次冲突了。

迎战还是回避？

一旦冲突已经发生，我们应该勇敢地迎战还是适当地回避？

应该迎战还是回避，我们不能一概而论，需要根据双方的态度以及实际情况来下定论。如果对方的态度非常坚定，而且观点十分明确，理据充足，我们能感到回旋的余地不大，那么这种情况下我们可以选择做出妥协，回避冲突。但如果对方的观点及相关支撑观点的论据有明显漏洞或者毫无道理，那么我们可以选择迎战，用实际数据来与对方周旋。**当然，无论是迎战还是回避，我们都需要有一定的底线，要竭力保住己方利益，不能因一时冲动而使交涉到达“鱼死网破”的地步。**

还是拿上述案例来进行分析。小米和客户冲突的关键在于“牛油果的尺寸是否符合约定”。具体分析来看，如果牛油果的尺寸偏差属于可接受的范围，那么小米可以据理力争，坚持原价。但如果牛油果的个头真的比较小，确实几乎接近迷你牛油果的尺寸，那么小米确实可以选择回避冲突，做出一定的妥协，给客户一定的折扣，让客户在接受这批尺寸有偏差的牛油果的同时，对双方的下一次合作仍抱有信心。

应对冲突的一般流程

通过对上述内容的阐述，我们可以看出，每一次冲突都有一个基础的构成要素，而且我们可以根据实际情况来决定是迎战还是回避。至此，我们可以总结出应对冲突的一个基本流程。

首先，我们要及时、冷静地分析这次冲突的诱因及关键争执点在哪里，明确冲突因何而起，这是大前提；接下来，我们就要透过分析交涉内容和对方的要求、条件等，了解对方的态度和观点；第三步，我们

应对冲突的一般流程

冲突诱因
价格
冷静分析冲突诱因和争执点
XX公司
1. 条件 1%
2. 态度
3. 观点
分析交涉对方的要求条件、态度观点
A
B
结合自身情况，分析对比争执点

要分析比对关键争执点，分析己方的实际情况，这一点非常重要；第四步，分析完上述三点之后，我们可以决定采用哪一项观点和态度与对方进行周旋，让交涉继续进行下去。

所以在上述案例中，小米需要根据订货合同分析：对方是否具备退货的条件，一旦对方申请退货将会对己方造成多大损失？如果按照每千克便宜5元的价格去结算这批牛油果，是否会造成亏损？如果会造成亏损，那么是否给予客户一些折扣，如果这既能让客户接受又能减少自己的损失，还能避免矛盾的产生影响后续合作，何乐而不为呢！

职场小路灯

●管理和应对交涉中的冲突时，我们要先对冲突的整体进行把握，其后再根据对方的态度，比对己方的实际情况，再确定是迎战还是回避。无论是迎战还是回避，我们都要以己方的实际情况和利益为基础，采取恰当的策略与之周旋。

TOPIC
4–3
职场第一课·职场谈判

摆正态度之一：习惯冲突

●交涉时发生冲突在所难免，我们需要摆正态度、习惯冲突。

QUESTION

交涉中出现冲突，是否代表交涉难以如期进行、成效一定会偏低、一定不能成功、己方利益将难以实现等问题？

ANSWER

首先我们要明白，无论是何种交涉，都有出现冲突的可能，我们需要有心理准备，不要发现冲突出现了就手足无措。其次，从心态上讲，我们要摆脱害怕冲突发生的心理，要有应对冲突的信心。

想要学会处理冲突，我们首先要摆正对冲突的态度，其中最先要做的就是习惯冲突、适应冲突。

积极应对冲突

小洋的工作对象都是公司的大客户，由于客户的订单量大，因此要求也多。客户要求对原本 6 个一盒的水果分别进行独立包装，以便保鲜。小洋基于包装费会大大提升的考虑，拒绝了这个要求。客户不满，双方出现了冲突。面对客户突然的不满，小洋考虑到客户订单量大，就选择了让步，满足客户的这个额外要求。小洋原本以为这次让步能推动交涉顺利完成，可没想到客户随后提出了更多的要求。

其实小洋大可以以“原装进口”“不环保”等理由进行婉拒的。而他却因为害怕与对方产生冲突，从一开始就选择做出让步，这就很容易让客户“得寸进尺”，提出更多要求，让自己在交涉的一开始就处于“低人一等”的地位。

我们与他人发生冲突的时候，通常会有两种反应：一是回避，二是争吵。冲突一旦发生，我们一般首先倾向于回避，尽量避免争吵。**有时候可能还没弄明白冲突的发生原因和构成要素，就一味地选择退**

让，认为息事宁人就能解决问题。但其实问题还是在那儿，永远不会随着时间的流逝而消失。因此学会正确地看待并解决冲突，才是解决问题的关键。

切换角度去看待冲突

想要摆正面对冲突的心态，习惯冲突的发生，我们还可以学着从不同的角度去看待冲突本身。正如小洋的例子，面对客户“将每个水果独立包装”的要求，如果小洋从“客户的要求会使己方包装成本增加”的角度去思考，那么他自然会认为客户的要求会对己方利益造成损害。但如果小洋尝试切换角度，就会发现，其实他能从“独立包装费”的角度出发，答应对水果进行单个独立包装，但需收取包装费。这样，就能将冲突的难点抛回客户身上。

而且，从小洋的角度看，从被动地选择是否答应客户要求，转向主动地向客户提出新的收费项目，一方面化解了双方矛盾，另一方面也衍生了新的利润来源的可能性。小洋在整个冲突中的角色发生了变化，从被动转向了主动。

此外，在切换角度的过程中，我们也要注意着眼点，不能只顾着过去和现在，也要有未来视角。所谓未来视角，就是当我们分析问题的时候，不能光看是否对现在的交涉有利，还需要看看倘若想要未来的合作更加顺利，我们当下应该如何去对待这个问题。

比如小洋，面对单个水果独立包装的要求，如果

切换角度看待冲突

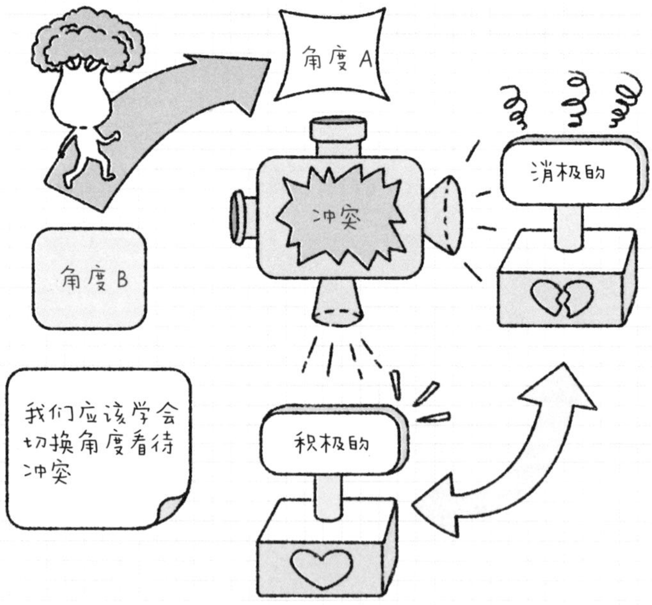

当下答应免费为客户独立包装，那么以后和这个客户的合作是否也要免费？相反，倘若收取费用为客户提供独立包装，那即便这个客户不答应，独立包装本身能不能成为公司的一个可选付费项目，万一别的客户也需要这样的服务呢？这就是未来视角的一种体现。所以说，当切换角度的时候，我们需要从长远的可操作性上考虑最有利于己方的角度。

职场小路灯

●习惯和适应冲突，是摆正应对冲突心态的第一课。想要做好这一点，我们要摒弃对冲突的恐惧感，不要一味回避和让步。要敢于正面回应冲突，并且要善于从多个角度去思考冲突本身，学会从不同的方向、不同的视角对冲突进行思考和处理。

TOPIC
4–4
职场第一课 · 职场谈判

摆正态度之二：降低对对手的期望值

● 对交涉对手期望值的高低，很大程度上影响着我们对待交涉的态度。

QUESTION

为什么交涉的时候总有“理想很丰满，现实很骨感”的感觉出现？明明已经设计好的交涉策略，甚至连可能发生的争执点都想到了，但到了正式交涉的时候，对方的反应还是会让己方阵脚大乱？

ANSWER

“现实很骨感”的交涉案例是经常出现的。我们之所以会觉得对方的反应出乎我们的意料，交涉过程不如预期，很大程度上与我们对对方的期望值有关，这指的是我们把对手想得太完美，将交涉过程设想得太顺利了。

处理冲突的过程是双方的一场较量，如果你把对方想得太简单，那么对方稍一不客气就可能让你乱了方寸。因此，不建议大家将对方的期望值放得太高。

学会降低期望值，做好最坏的打算，才是我们应该具备的应对冲突的良好心态。

对对手的期望值过高，容易导致冲突升级

小米与一家倡导绿色生活的客户洽谈有机蔬菜订单时发生了冲突。对方在刚开始时态度很好，而且公司理念也很健康，于是小米从一开始就觉得对方是好说话、讲道理的客户。可没想到，对方对食材的颜值非常挑剔，明明是各项检测都合格的产品，偏偏因为菜叶子不够鲜嫩、菜梗不够粗大等原因被要求换货。小米没想到对方会如此挑剔，于是一听到对方的要求，就觉得客户很“无理”，于是和客户争执了起来。

我们仔细分析可以发现，其实“换货”要求本身并不无理，小米觉得客户“无理取闹”的原因是被客户之前“好说话、讲道理”的形象迷惑了，认为客户不会有太多意见，对客户的期望值过高。但事实上，作为订货方，是有权利对货物“挑三拣四”的。

如果小米能意识到这位客户其实和别的客户一样，也会提出诸多要求，那么小米的反应可能会稍微缓和一些。

可见，对对方期望值过高，很可能导致我们面对冲突时出现过激反应，致使我们做出始料不及的回应，导致冲突升级。

高期望值更容易导致不满情绪

为什么说对对方的高期望值容易导致不满情绪的产生？

通俗地打个比方，比如我们对孩子的考试分数预设为 100 分满分，当孩子只考到 95 分的时候，我们就会觉得孩子没达到我们的期望值，从而想对其进行批评。但相反，如果我们只要求孩子及格即可，那么 95 分则大大超出了我们的期望，我们会以另一种态度去对待孩子的成绩。

对交涉对手的期望值会影响我们对冲突的反应，也是这个原理。**因此，我们要学会适当降低对对手的**

期望值，不要将对方想得过于亲切，更不要设想对手会事事顾及你的感受，满足你的要求。这样，我们就更能控制自身情绪，以更清晰的思路应对冲突。

降低对交涉对手的期待值

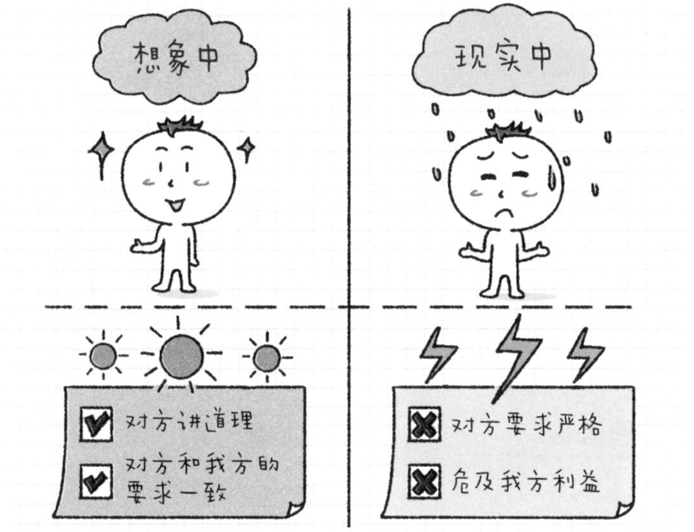

着眼于如何解决实际问题

处理交涉冲突的时候，我们要摆正心态，那就是不要着眼于对方，而应该着眼于冲突和问题本身。小米之所以会在冲突中对客户的拒绝有情绪，是由于她没想到看起来很好说话的客户会提出如此挑剔的要求，因此，她没有彻底分析这些要求本身是否合理，就急着反驳客户。但从客户的角度上讲，其要求并非完全没有合理性。如果客户专注于蔬菜形态和颜值这个问题本身，小米只要客气地跟客户解释“有机蔬菜不使用化肥，所以菜梗有时不能像普通蔬菜那么‘肥美’”就可以了，没必要非要强硬地拒绝客户换货的要求。

因此，在交涉中，我们应该时刻着眼于问题本身，看双方的争执点是什么，应该采取什么实际行动去解决问题。这样，我们才能更加客观和有针对性地处理冲突。

职场小路灯

●我们要习惯降低对对方的期望值，凡事做好坏的打算，摆正面对冲突的心态。同时要保持客观，一旦出现矛盾和冲突，我们要着眼于实际情况找准矛盾所在，而不是着眼于我们对对方的期望及对方的实际反应。

TOPIC 4–5

创造和解的机会

● 能否一击即中化解冲突，关键在于有没有洞悉并抓住和解的机会。

QUESTION

在不盲目退让和妥协的前提下，到底怎么去抓住化解冲突的机会？我们应该如何在一次交涉冲突中找到突破点？

ANSWER

一般来说，不同的交涉冲突其化解的契机是不一样的，我们大体上可以从以下三点去分析是否能够有机会化解冲突：一是对方态度软化的时候，二是己方占据上风之时，三是己方愿意做出让步的时候。

交涉冲突中与对方和解也考验己方对契机的把握是否准确，在适当的机会下与对方和解能够更好地达到化解冲突的效果；相反，不仅会加大化解冲突的难度，同时也可能会让己方利益难以实现更大化。

不能依靠争论来解决冲突

交涉冲突会牵涉争论，正是由于双方意见不合，讨论进一步恶化才有了交涉冲突。我们需要端正态度，不要妄图依靠争论来化解冲突，因为持续地争论只会让矛盾继续激化，双方关系变得更加紧张。

小洋所在的部门正在讨论把哪种产品作为下一季的主打产品。在会上，小洋与同事产生了分歧。同事依据去年同期销售数据推荐大白菜，而小洋则主张以市场上正流行的蘑菇作为主打产品。二人争论不休，会议被迫中断。

在这个例子中，小洋和同事提出的论点都没有问题，但最终导致交涉无疾而终，双方闹得不愉快，主要是由于小洋坚持和同事争论。我们要明白，交涉中的争论与我们在校园参加的辩论赛不同，没有裁判这类客观的第三方在一旁审视我们的论点和论据。因此，交涉中的争论就会像拔河一样，你越用力，对方也会越用力来拉扯你，从而导致双方关系进一步僵化。如果小洋和同事能够各自先了解对方的立场，然后再结合现实情况达成一致的意见，那么就不会出现会议目的没有达到还伤了和气的情况了。所以，我们不要指望依靠争执来结束冲突，我们要做的是多想想如果双方交涉成功所带来的好处。

化解交涉冲突，要警惕好胜心理

事后小洋回过头来审视自己与同事争论的经过，他发现当同事对自己的提议提出反对意见的时候自己就很生气，觉得自己这么完美的提议怎么会有人提出反对的意见，于是就马上想要回击对方。

小洋的好胜心理会让自己马上处于攻击模式，这种情况是需要警惕的。**因为在交涉冲突中好胜，很容易导致我们的言辞过于激烈，影响双方关系，进而影响交涉进行。我们要抛开“一定要在冲突中赢对方”的好胜心态，需要更加从容、豁达地对待和分析对方的要求。**

警惕好胜心理

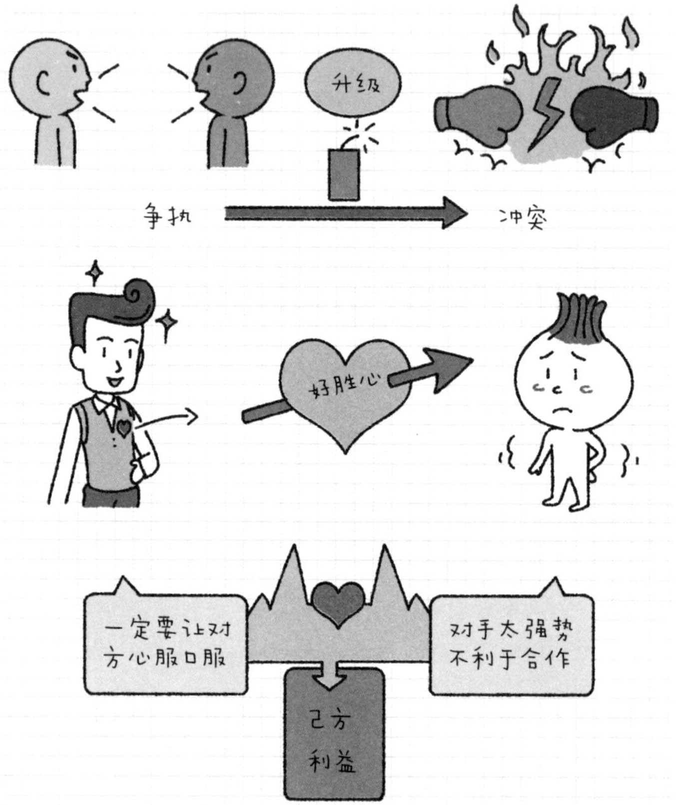

时刻以维护己方利益为原则

想创造和解条件，必须先有和解意识。要如何确保自己在与对方的争论中始终能保持清醒并抓住和解的契机呢？关键在于我们要时刻提醒自己要以维护己

方利益为原则。

或许冲突的过程并不愉快，对方的态度、言辞甚至会让你感觉受了委屈。但无论如何，维护己方利益才是最大的目标。树立起这个观念之后，我们就可以分析：如果做出妥协，促成和解，我们所能收获的利益是多少？是否真的会比交涉失败产生的利益损失严重？如果和解虽然于利益有损但仍能保持一定获利，那么我们就要提醒自己，着眼于维护己方利益，寻求恰当的方式与对方进行和解。

职场小路灯

●选择与对方和解，寻求化解冲突的方式有助于更好地推动交涉发展。面对冲突，我们不能用好胜心态面对，更不能试图压倒对方来实现目标。关键在于以维护己方利益为原则，要适当地控制自己的情绪，抓住和解的机会。

灵活应对交涉，成为职场高手。

解决交涉中冲突的一些小技巧

交涉中遇到冲突时，我们可以用一些小技巧来化解。

● 职场交涉中的冲突不等同于平时生活中的争执，甚至争吵，因为交涉本身是对语言技巧、观察技能及思维分析能力的综合考量。想要避免正常的冲突升级为激烈的争执，最重要的是掌握及时解决冲突的技巧。

交涉是一门学问，我们首先要正确看待交涉及交涉中的冲突，而后还需调整自己的思维，在交涉中保持自身应有的态度和教养。

明确是否有冲突需要解决

大多数人不喜欢与人发生冲突，也不是所有的意见不一致都会演变成冲突。要学会判断当你对这次交涉采取沉默的态度时是不是会产生更好的结果，如果是，则可以避免爆发冲突；如果不是，则需要说出自己的想法，表达自己的观点。

很多时候，对方提出的观点与我们的意见相左，这就是冲突出现的诱因。但其实，这种冲突或许可以在一开始就被扼杀，因为通常我们认为非常不合理的要求在对方看来，很可能就很合理。因此，我们在面对不同意见的时候，可以开拓思路，豁达地进行换位思考，分析对方的这个要求背后反映了对方什么样的诉求。一旦我们明白为什么对方会这样要求，我们就能更加冷静地应对，而非一味强硬地拒绝。

判断解决冲突的时机和地点是否恰当

如果你正在和客户进行商业聚餐，或者参加其他客户举行的活动时最好不要与客户发生冲突。小洋就因为在一场公司举办的招商酒会上与老客户发生争执而被领导警告了。在商务活动中，因为都会站在各自的立场去考虑问题，所以在商务谈判交涉中出现冲突是很正常的，也是可以互相理解的。但是在一些其他轻松的场合，还公事公办地去讨论一些问题，很容易被人当作固执、较真的人。一给人留下这样的印象，那么在后面的正式交涉中就很难达成满意的合作了。

交涉开始前后都要学会倾听

在交涉前，也需要认真听取对方的想法。如果对方的想法与你的预期相差太远，你就会产生不良的情绪，从而导致冲突爆发。

同理，在冲突爆发后，只是一味地提出自己的观点和立场，听不进对方的解释和诉求，也会让冲突升级。

在冲突开始后，我们应该还继续怀有一种好奇心，让我们忽略掉那些言辞激烈的争执，倾听对方的解释和诉求，进而从中发现解决冲突的可能性。

必须对立的时候，要敢于表明态度

当然，并非换位思考就能解决所有冲突，因为并不是每一位客户提出的要求都是合理的，当对方的要求严重影响己方利益的时候，我们依然要无所畏惧地表明态度。而在这个时候，我们需要做到的是明确表示己方的立场，以及表现出与对方力争的决心和勇气。

解决交涉冲突的小技巧

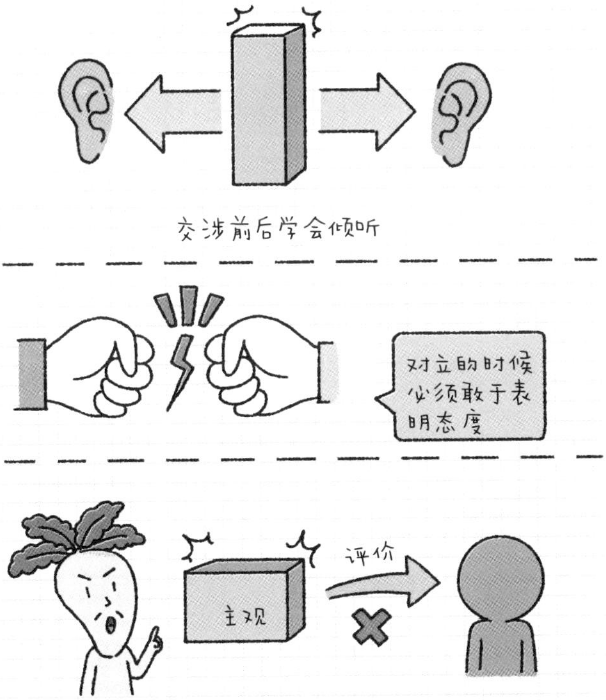

正如行军打仗时的两军对阵一样，如果对于某个争执点，双方利益不可调和，必须要对方做出适当的调整或退让，那么我们就要强化己方的态度，让对方感受到我们的坚持。在必须对立的时候，有对立的勇气，才称得上是值得尊重的对手。

宁思自己过，莫论他人非

交涉之中，我们的措辞非常重要，尤其是发生冲突的时候，我们说出的言语会彰显我们的教养。在撇开语言技巧的前提下，我们首先要做到的就是不能诋毁或者中伤他人。

小米最近遇到一位脾气暴躁，而且不懂行的客户。小米跟王组长抱怨的时候，用“跟笨蛋一样，怎么给他说他都不明白什么是清关”来描述客户。王组长立刻提醒小米，切不可中伤客户。一方面不能这样对对方说，另一方面小米自身也不应该这样看待客户。因为这是一种职业教养，我们不能中伤客户，更不能戴着有色眼镜过于主观地评价客户。

交涉虽然是一种以达成己方利益为目的的沟通，但也离不开相互尊重，只有在这个前提下，才有可能交涉成功并实现共赢。

PRACTICE STARTS

课后作业

基本

面对交涉冲突的时候，我们需要恰当地调整自身思路，以正确的心态和技巧处理冲突，避免冲突激化。

活用

我们在必须坚持的时候，要敢于展现对决的勇气，还需要想方设法创造和解的契机。无论是否面临冲突，我们都要做到尊重对手，争取交涉成功并实现共赢。

交涉中最重要的技能莫过于辩论了，你是否了解辩论是如何贯穿交涉始终的呢？

辩论和交涉的关系密不可分，如何利用“立论”来紧紧围绕自己的利益与对方周旋？在遇到被反问的难处时，如何运用辩论技巧勇敢地反驳对方？这是商务交涉中最重要的交涉能力之一。

开拓你的交涉视野

第5章

助交涉一臂之力的辩论知识

TOPIC

5–1

职场第一课·职场谈判

辩论的基本规则

● 辩论要的不是别人的顺服，而是信服。

QUESTION

正所谓巧舌能抵百万师，那么在辩论中，我们是不是只要做到巧舌如簧或者强势进攻，将对方的气焰压倒，就可以获得辩论的胜利呢？

ANSWER

其实，当我们在辩论的时候，最佳的效果不是要求别人“顺服”你所说的内容，而是“信服”。顺服和信服不同，顺服是指无论你说什么，都要求对方认为你所说的是对的；而信服则是你通过论证，让对方心服口服。

在辩论的学术范畴中，其中一个最为基础的概念就是立证。立证是指我们为了达到某一个目的，通过讲事实、拿证据，实现我们想要得到的成效。和普通的情感抒发或者谈论议事不同，立证的目的就是让对方接受我们的主张。这一点，也是贯穿辩论的核心。

辩论基本规则一：明确辩题

无论是正式的辩论还是生活中的日常争论，都有明确的辩论焦点，在辩论学上，这个辩论焦点被称为“辩题”，其含义是“需要双方通过沟通解决的争议”。简而言之，所有的辩论都是围绕解决这个争议而引发的。**因此，明确、订立辩题就是辩论产生的基础条件。**比如在美国，竞选辩论常常被用于同一选区只产生一位当选人的参众议员选举之中。因此，竞选辩论是整个选举过程中必不可少的环节。而在竞选辩论中，辩题是“我是最佳的候选人”或者“谁最适合当选”，那么，参加竞选的候选人就需要围绕“我是最佳的候选人”“我是大家的最佳选择”这个方向去下苦功，以自己的政绩、政治理念等为论据进行辩论，让受众和选民相信自己是大家的不二之选。

明确辩题非常重要，辩题是整场辩论的核心。正如我们提及的美国竞选辩论，大家可以试想一下，倘若没有明确的辩题，竞选辩论的相关议题之多或许足以让辩论双方“对峙”上几天几夜。所以说，一切辩论都起步于辩题的确立。

辩论基本规则二：以理服人

和日常工作生活中的许多沟通交流不同，辩论有一个基本规则，那就是讲道理。参与辩论的双方会因自己的目标，先确定自己的某种立场，然后再拿出事实、数据等一系列论据来说明自己的立场为什么是对的。小洋和小米正就客户报价单的问题展开了辩论，小米主张按照上一季度的价格给客户报价，而小洋则主张加价 4.5%。小米认为：客户对这个价格接受程度较高，能尽快签订订单。但小洋认为：虽然按照上一季价格给客户报价能尽快签单，但是进货价和物流费用都有一定的升幅，客户需要接受市场价格波动带来的影响，才能保证己方利润，如果总是亏损经营，合作也不能长久。最终小米同意了小洋的观点，给客户加价报价。

我们从上述例子中看到，小洋和小米在辩论过程中都不可或缺地添加了数据、理由去支撑自己的观点和主张，但小洋的理由更充分、更合理，所以小米同意了小洋的观点，这就是辩论的第一项基本规则。我们想要和对方有效地开展辩论，首先就要从“道理”

明确辩题和以理服人

着手，尝试以理服人。

辩论基础规则三：活用理性以外的诉求

如果可以做到每次辩论都就事论事，有理有据自然是最好，**但生活工作中不遵循以理服人规则的例子非常多，如以前辈身份掌控话语权，以人情、面子为由要求别人顺服等，都是常见的辩论手法。**

不过，水能覆舟亦能载舟，针对种种不以道理、论据为前提的辩论，我们也可以“收为己用”，善用这些以“人”作为出发点、理性以外的诉求。

辩论双方可能暂时未能达成共识，但基于双方关系良好，其中一方可能会提出“相信我，就支持我吧！”“领导既然这么决定，一定有他的道理”等这些非理性诉求。相当于跳出争议和分歧的本身，以“人”及“人对人”的情感作为切入点，希望得到对方的认可。

另一种是以“情”动人。比如在与客户的交涉或辩论中，用“我们都合作这么久了，您就相信我吧”

这样说法就是在以“情”动人，这也是辩论中经常会用到的一种技巧。不过，提出理性以外的诉求时往往有一定的前提，一般适用于双方关系比较牢固和熟络的情况。如果是面对初次合作的客户，这种方法是无效的。

职场小路灯

● 明确辩题，让双方的辩论有清晰、具体的焦点，这是辩论的第一步；其后，我们针对辩题设立己方主张后，一定要找到数据上的论证支撑，以使他人信服。过程中，如果双方熟络到了一定的程度，我们还可以因势利导地采用以“情”动人的做法，从而达成目标。

TOPIC

5–2

职场第一课·
职场谈判

辩论所需的各种能力

● 辩论是一种考量一个人的理解、分析及语言组织能力的行为。

QUESTION

我觉得自己平时在日常生活中挺能言善辩的，可一到辩论时，就容易掉链子，甚至被对方牵着鼻子走，难以反击。这是不是我自身语言能力不足的表现？

ANSWER

辩论体现一个人的逻辑思维水平，虽然它是一种以语言为基础的沟通行为，却不仅仅对语言的表达能力有要求，而是要求参与者在整个辩论过程中必须具备一种综合能力。

那么，辩论到底需要什么样的综合能力呢？首先，要有正确清晰的主张；其次，要有缜密的逻辑思路；再次，要有抓住反击时机的判断力及攻击对方观点的勇气；最后还需要有清晰流畅的语言表达。这些就是辩论所需的各种能力。

完备的逻辑思考能力

第一，在辩论中，逻辑思维起着极为重要的作用，它使人严谨、有条理，进而使立论变得牢不可破。首先，必须运用逻辑思维透彻地分析辩题，明了辩论双方的真实的逻辑地位和逻辑困难。比如小米和小洋就“成本增加才是提高报价的必要条件”这问题进行辩论的时候，正方小米的逻辑就是“只有成本增加才能提高报价”。也就是说，小洋只要举出例子证明“成本没有增加的情况也能提高报价”，小米的说法在逻辑上就被打倒了。

第二，在辩论的语言表达中也要讲究逻辑层次，要做到条理清晰。

第三，要善于归纳。善于归纳的人，就能在辩论中很明确地找准对方的漏洞，并抓准要害进行“攻击”，给对方致命的一击。

培养对对手观点的理解力、分析力和判断力

在确立好自身主张的逻辑之后，我们还要在辩论中快速地理解和分析对方的逻辑思维，伺机而动。懂得适时反击，并一举找到对方最薄弱的环节。

相传，曾经有一位意气风发的学生找爱迪生讨教自己的一个想法：万能溶液。学生的主张是：世界上必然能存在一种物质，能打破物质的分子结构，溶解所有物质，我立志要制造出这种万能溶液。爱迪生反问该学生："那应该用什么来装这种万能溶液呢？"学生顿时无言以对。

对于上述例子，我们可以进行分析。首先，我们理解的学生所提出的主张是"万能溶液"，其逻辑是"一定存在能溶解所有物质的溶液"，经过这两点的分析，随后快速判断，找出最佳反击点。爱迪生就找到了他最致命的逻辑薄弱点——既然溶液溶解万物，那能用什么容器来装它？一旦能配备装它的容器，那它就不是可以溶解万物的万能溶液了。

通过这个例子我们能够发现，对对方观点和主张的理解，是我们后续进一步进行辩驳的基础，而后我们需要分析其主张的逻辑构成，并判断应该从哪一个环节进行最有效的反击。

多元化的能力

除了上述的两点之外，辩论中还需要一些多元化的能力。

交涉能力：辩论不同于吵架，是辩论双方就一个论题互相阐述自己论点的交涉。因此，辩论的时候，为了达到以理服人的目的，积极寻找对己方有利的陈述和论证，这也是一种交涉能力。

持久力：一场辩论赛，不可能寥寥几句就匆匆收场。所以在辩论当中，保持思想高度集中的持久力就显得尤为重要。

质问力：质问力通常和辩论中的“反驳”一起出现。所谓反驳，就是辩论中的一方提出自己的论点，进而否定对方和自己的不同看法的行为。你一旦抓准

辩论所需的各种能力

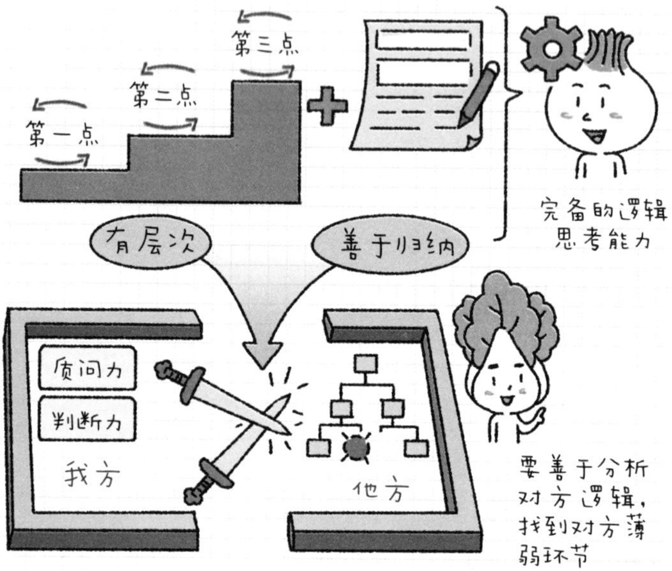

了对方的弱点就要马上进行反驳和质问。在论战中，要对对方提出的观点进行有针对性的驳斥和质问，直击要害，当对方的论点站不住脚时，自然就会低头认输。

团队合作的协调力：辩论的一方通常由四个人一起进行陈述和辩论。一辩陈述己方的观点和立论；二辩三辩负责在舌战中攻击，主要是提问和解答；四辩是陈词总结。四人既有分工，又有合作，既有区别，又有联系。在辩论中，四位辩手之间针对本方的辩题也要相互协调，一位辩手如果说得不全面，另外的辩手一定要加以补充说明。如果每个人只是“公说公有理，婆说婆有理”，我们就会陷入被动地位，被对方牵着鼻子走，最终以失败告终。

职场小路灯

●辩论除了考查一个人的逻辑思维能力，还考查辩论者对对方主张、逻辑的理解和分析能力。辩论者要有精准的判断力，找准反击突破口，进行有效反击。

TOPIC

5–3

职场第一课·职场谈判

让你的立论熠熠生辉

● 精准有效的立论是具有辩论层次和深度的大框架。

QUESTION

立论，是辩论中不可缺少的环节，但辩论主要讲求的是论据对论点的支撑力。因此，是不是可以这样理解，数据、论据部分才是立论的重点呢？

ANSWER

立论固然要讲求丰富、实用的论据，但论点才是最基础的。论点如果站不住脚，那么即使再翔实的论据也会显得牵强附会。同样，除了论点和论据之外，恰到好处的行文修饰也必不可少。

如果将立论比作人体的话，那么强有力的论点就是人体的骨骼，它决定了整个立论是否站立得住；其次，多角度、多层次的论据就如丰满的血肉，能让立论充满活力和力量；最后，良好的行文修饰就好比人的衣服，既要得体又要与主体配搭得当。

论点是立论的重中之重

论点，体现我们整个立论的核心观点，是辩论必须围绕的中心点。而在这个论点确立的过程中，我们需要特别留意两点：一是哲学思考，二是关于这个论点的定义。

一个好的论点主张，必须要包含一定的哲学思维。比如，从企业发展上看，我们的论点是否符合公司的发展理念，是否符合公司的企业文化，是否对公司业务有推动性作用等，这些是我们必须要首先思考的问题。

一般来说，越是符合现行主流哲学，符合企业成长需求，符合客户关系维护和开拓的论点主张，就越容易让人所信服。

二是关于这个论点的定义。任何一次辩论的争议点，都离不开对概念和定义的讨论。在工作中，这些定义的讨论主要体现在辩论过程中，我们运用定义划定辩论的范围。比如，哪些利益属于己方，哪些利益属于对方，哪些义务是需要双方共同承担的，哪些风险是需要双方提前商讨的等。对于定义的把控，我们要用心设定，尽量将其具体化、细致化，不能一概而论、笼统概括，否则后续实践有可能因此而衍生出厘定不清导致纷争的局面。

善用论证、论据丰富立论

有了核心的论点，我们就有了主心骨。接下来就需要围绕这个论点，准备必要的论证和论据。**在这个过程中我们要尽量让论证、论据丰满起来，切忌单一化和浅层化，应该要做到有基础、有层次、多维度。**

小洋和小米就一个项目的可行性报告方案进行辩论，小洋着眼于与客户开展这个计划的具体步骤，而小米则着眼于双方目前的现实状况及有利点、不利点。先不论小洋和小米双方的论据能在多大程度上支撑各自的主张，我们首先可以看到双方论据的不完备性。其实，想让一个论据变得有力，首先需要像小米那样扎根于实际，以实际现状为出发点作为立论的基础；其次，还需要从不同维度分析双方的有利点和不利点，因为有利点很可能成为我们立论并顺利使对方信服的王牌，而对不利点我们也要做到心中有数，因为这很可能成为我们被对方反击的薄弱点。

但光有这个基础和多维度分析还不够，我们还需要像小洋那样，让立论有层次。所谓有层次是指我们在了解现状、分析利弊优劣之后，要有针对性地设计

论点是重中之重

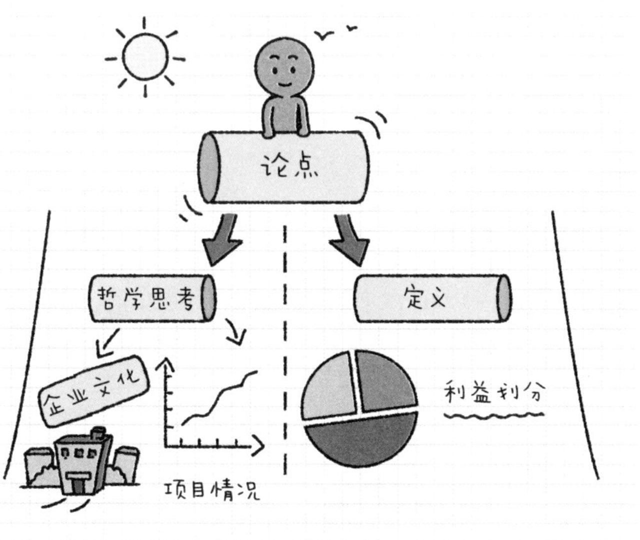

出有实际意义的方案。所以，小洋和小米两个人的观点合并才能让这个项目的可行性报告方案更加完善。

得体的行文措辞

相信大家一定有经验，准备好底稿的发言往往比毫无准备的即兴演讲来得顺畅。**辩论也一样，在理论阶段如果能先打好底稿，并且注意整个立论的行文措辞修饰，往往能对自身的理论起到很好的辅助性作用。**无论我们的论点如何明确、清晰，论据如何有力，如果行文措辞用不好，影响到对方的理解，则非常容易在辩论中吃亏。

对于立论行文，我们要避免采用过于华丽、浮夸的表达，要以得体为准。何为得体？比如“对于这个现象没什么好说的，这是一个近乎常识性的问题”与“鉴于大家对这种现状较为熟悉，我在此不做赘述”两个句子的核心意思是一样的，但由于采用的词语、语气、修辞的不同，两个句子给人的感觉大相径庭，前者给人一种傲慢感，而后者则较为客观，这就是得体与否的表现。

一般来说，得体的立论行文要讲求客观，尽量采用客观陈述或引用权威性表述，以避免融入太强的情感色彩。同时，要多用“第一、第二”“首先、其次”“因为、所以”“虽然、但是”等句式，让立论的行文脉络更加清晰，同时让大家能更容易感受到行文的递进、因果、转折关系等。

职场小路灯

● 立论是整场辩论的核心，一方面我们要清晰地表达出己方贯穿整场辩论的核心观点，另外还需要从实际现状、优劣利弊入手，夯实论据、论证的全面性和支撑力。辩论过程中要注意采用客观、权威的行文措辞，切忌使用过于夸张、华丽、带有强烈个人情感色彩的表达方式。

TOPIC

5–4

职场第一课·职场谈判

有效反驳的三大方向

● 反驳是推翻对方论点，宣扬己方主张的关键一步。

QUESTION

辩论很多时候就像是一场没有硝烟的战争，敌我双方唇枪舌剑、争执不下的场面时常出现。如果说反驳是最有效的进攻，那么辩论有没有可能“以守代攻”？是否必须要反驳对方？

ANSWER

辩论是一种以让对方信服己方观点立场为目标的沟通行为，一来，我们不能将辩论中的反驳与日常交流的争执等同化，二来，害怕反驳对方是难以取得辩论成功的主要原因，因为以论证证明自身观点的正确性与通过反驳证明对方观点的不正确性同样重要。

反驳是辩论中的必需技巧，那我们应该如何进行反驳？

其实，强有力的反驳需要以我们对对手论点、论据的充分理解和分析作为基础。而在技巧上，针对不同的辩题、实际情况及对方的逻辑思维方式等，我们可以从以下三个方向来进行反驳。

反驳对手的论点

对方的论点能体现出对方的立场和观点，一旦我们能理解对方的论点并分析出其论点的可攻之处，就能进行有力的反驳。其中较为实用的一种反驳方法是“定义法”。**如果对方的论点明显与常识相悖，我们可以直接从这个角度做出反击。**比如对方的论点是，“如果客户觉得服务无法接受，则会填写意见表；既然没有客户递交意见表，则证明客户对服务都满意”。这里，己方可以反驳“不填写意见表不代表满意”。

还有较为常见的情况，例如：1986 年亚洲大专辩论会上，辩论双方抽到了“外来投资能确保发展中国家经济快速增长”的辩题。自然，正方的论点是“外来投资能确保发展中国家经济快速增长”，而反方则是“不能确保”。这时候，正方明显处于一个非常不利的位置，于是，正方提出“确保不等于百分之百地保证”，期望以此来展开辩论。但反方则运用定义法，提出“确保的意思是切实保持或保证”来反驳正方的论点。

通过上述例子，我们可以看出，**当我们需要对对手的论点进行反驳时，我们首先要了解对方论点的核心所在，并进行分析，找到最薄弱的地方进行反击。**正如上面提到的大专辩论会上的辩题，如果反方的反驳点是“快速增长”，提出“不能确保快速增长”的反驳，在另一层面上相当于肯定了“外来投资能确保增长”这一点，整个反驳就会变得缺乏力量。

反驳来自对手的批判

小洋和小米就“水培蔬菜一定是未来最有潜力的蔬菜”的辩题展开了辩论。小米是正方，支持这个观点，认为“水培蔬菜具有无公害、无污染、无化肥的特点，一定是未来最有潜力的蔬菜”。而小洋作为反方提出批判："水培蔬菜必须要在自然水的基础上添加大量的营养液才能培育出成熟蔬菜，根本就不是无公害、无化肥。"但当小洋的论点出来的时候，小米就反驳小洋："营养液不等于化肥，其成分和自然土壤相近。"

在辩论过程中，对手难免会对我们的论点或论据进行批判，以此来攻击我们的立论。正如小洋质疑小米对水培蔬菜的定义一样，我们可以看到这些批判背后的意义，在于对方对我们的立论提出质疑，所以有效的反驳相当于强有力地回应这些质疑。基于这一点，我们首先要找到对方批判的关键是什么，并且要能提出客观数据或者过往案例以支持我们的观点，就像小米一样，以水培营养液的具体成分组成反驳小洋"根本不是无公害、无化肥"的批判。

反驳对手论点中的计划

除了论点和支持论据之外，如果对方的论辩内容中包括实施计划，那么计划也可以成为我们反驳对方的突破口。

在公司每月的例会上，小洋提出了“创建送货上门服务，开拓散客市场”的想法，并就此制订了一系列的计划，包括配送费用、应用程序开发、借助大数据平台给潜在客户发送推送消息等，计划在其他人看来十分详细，可操作性也很强。但小米就小洋的提议进行了反驳：“可是我们没有专门的 IT 部门，我们

有效反驳的三大方向

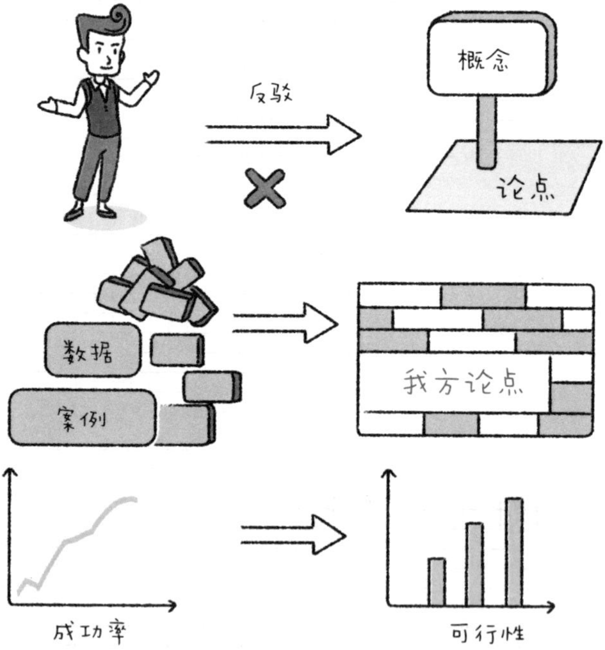

部门的人也没有会应用程序开发和大数据分析的，我觉得可行性很低。”小米的话一出，大伙就又都觉得小米的话十分有道理，于是对小洋的计划重新审视了一番。

从小米和小洋的辩论中我们能看出，**想要就对方的计划进行反驳，首先，可以思考和分析对手提出的计划之实施主体是否具备完成这项计划的能力。这是最基础的一点。一旦主体不具备这样的能力，那么整项计划的可行性已经大打折扣。**

其次，我们可以看看计划的可行性。也就是说“有多大可能真的能实施完成这个计划”，一旦我们发现对方的计划过于理想化，忽略了很多现实影响因素，甚至有点天马行空，那么我们可以直接就可行性这一点进行反驳。

再次，就是风险和成效的预测和评估了。还是以小洋的提议作为例子，一直从事专业批发业务的公司开拓下游业务，花大功夫拉拢家庭散客，是否符合企业发展规划？其投入和收益是否成正比？毕竟送货上门的服务限制了业务必须在同城内进行。而且，散客对品种多样化的需求比专业批发供应要多，会不会对公司的蔬菜库存和损耗产生影响？……这些都是可以针对其风险和成效进行反驳的切入点。

职场小路灯

● 在辩论中对对方进行反驳的技巧有很多，具体的反驳内容需要根据辩论内容寻找。但无论是采用哪种方式进行反驳，我们都可以从反驳对方论点、反驳来自对方的批判，反驳对方论点中的计划这三个层面进行思考，看看对方在这三个层面中哪一个环节存在较大的漏洞，就可以有针对性地对其进行反驳。

辩论可以培养与人进行职场交涉的能力

不是每一次交涉都是一场辩论，但养成辩论思维有利于交涉能力的提升。

● 辩论有很多种，除了辩论赛之外，在日常工作和生活中，辩论也是经常用到的一种技巧。它指的是当双方对某个议题提出不同意见的时候，通过摆事实、讲道理来互相说服，比如与同事开会讨论、与客户讨论项目等。这是一个使对方接受己方意见的人际沟通过程，贯穿于我们的日常生活和工作之中。

辩论思维有助于提升解决分歧的能力

小洋和小米要合作完成库存清点的工作，小洋认为，可以直接在系统上比对当时的进货量，再统计之后的出货量，即可得出库存。而小米则是实干派，她更喜欢眼见为实，所以希望亲自到仓库进行清点。小洋则不认同小米的观点，于是对小米的想法提出了反驳：“如果所有清点都必须逐一实地点算，那么我们的统计系统岂非形同虚设？”听到小洋的反驳，小米也认识到了自己想法的狭隘性，接受了小洋的意见，和他一起完成了清点库存的工作。

在上述例子中，小洋的反驳直接指出小米忽略了“统计系统本身就是为统计进货、出货、库存、在运等各种数据而设的”。这种有力的反驳，揭示了小米主张的非理性成分，能很好地缩短双方各自争取对方支持而展开的商讨，而且更能让小米信服。

养成通过辩论解决问题的习惯

辩论往往假定很多事物具有不确定性，或会随着形势改变和时间流逝而改变。这些类似的非绝对性事物难以通过现有知识和现实情况进行量化。

比如在我们日常与客户的交涉中，经常会就“这个项目市场前景可观与否”的议题进行讨论。面对未来市场前景等内容，我们难以在当下做出具体的预测。那么，在“未来市场到底会如何”这样的议题下，辩论思维就能帮助我们与对方展开论辩，并通过论据、论证的陈述，让对方认可我们“未来市场情景可观”的主张。

在交涉中树立接受挑战的意识

无论是与上司沟通、与同事商议，抑或是跟客户洽谈，日常生活和工作中的交涉都不可能一帆风顺，我们总会经受对方的质疑、反驳甚至批判，在这些过程中，我们还要主动进取，争取让对方接受我们的主张。

因此，正如前文所提及的，坦然地接受交涉所带来的挑战是非常重要的。在这一点上，辩论思维和技巧能起到很好的帮助作用。因为辩论不是我说给你听，问你是否同意我的说法那么简单。如果只停留在单方面意见征询或陈述、劝说的层面，那这种沟通只能算演说、说服，不能被称之为辩论。

辩论是一个双方争辩、互相制衡和压制的过程，在日常生活中树立辩论意识能帮助我们提高面对质疑、驳斥甚至批判时的心理应对能力，能帮助我们养成随时应对批判并快速理顺思路提起己方反驳的思维习惯。总而言之，由于辩论能全面体现和提升一个人的逻辑思维、语言组织、心理应对能力等多方面的能

辩论有助于提高我们的交涉能力

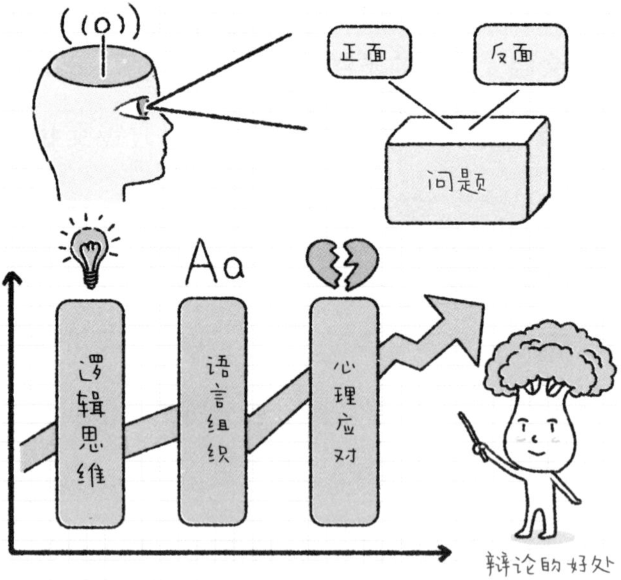

力，所以将辩论融入日常之中，能有效提高我们与他人就异议进行沟通、说服，并且有助于我们逐渐形成通过辩论解决争议的意识，避免无谓的口舌之争。

最后，就是心理层面的助益，长期参与辩论或树立辩论意识能提升我们接受挑战的能力，让我们在交涉中能更快、更好地做出反应。

PRACTICE STARTS
课后作业

基本

辩论能综合体现和提升一个人的逻辑思维、语言组织、心理应对能力等多方面的能力。

活用

在日常工作中，要善于利用严密的逻辑、明确的观点及得体的行文，通过人际辩论，以理服人，让交涉顺畅推进。

现在来测一下你的职场交涉技能吧！

跟着职场新人小洋和小米，从职场交涉的不同场景中，练习掌握更好的职场交涉技能吧！万事开头难，勇敢走出第一步，你会逐渐掌握职场交涉技能的要诀。

开拓你的交涉视野

- [ ] 第1章 职场交涉的基本理论有哪些？
- [ ] 第2章 职场交涉前期准备工作
- [ ] 第3章 如何达成最佳合意
- [ ] 第4章 冲突管理及应对方案
- [ ] 第5章 助交涉一臂之力的辩论知识
- [x] 第6章 职场交涉小测试 Ready？Go!

第6章

职场交涉小测试 Ready? Go!

1

我们先来假设你是小洋

时光飞逝，你在蔬菜公司入职已经三个月了。

某天下午，王组长叫你去了他的办公室。告诉你下周由你代表公司和 A 公司的相关负责人进行一笔订单的业务交涉。这是你第一次独立与其他公司进行业务交涉，你有信心完成吗？

压力很大，底气不足，一次交涉经验都没有。→ 20

冷静想对策，还有一周的准备时间。→ 17

2

你确定要接受对方提出降价 2%的要求吗？可是，公司这次的目的是推广春笋，并不是提高它的销量呀，小心掉进对方的“陷阱”而忘记自己最初的目的。

P017 1–4 为什么一直让步？警惕锚定效应

自己这么注意还是忘记了锚定效应，下定决心一定要熟知交涉技能，在下周的交涉中一定要大显身手！→ 18

— 3 —

失败并不可怕，可怕的是你把一次失败当作最后的结果，从而失去改变结果的勇气。做好交涉失败的准备很有必要，提前做好预防措施，会让你在交涉过程中更加坦然、自信。

P044　2–3　做好交涉失利的打算

交涉失败有很多原因，倘若你提出的条件无法打动对方，这个时候你该如何是好呢？

P104　3–9　让对方走进你的预设框架

看完上面这篇文章，相信你已经知道应该做好“Plan B”以及各种可能出现情况的预案，可以让自己的交涉计划更富有“弹性”。→ 4

— 4 —

同事小美有过几次和大公司交涉的经验，所以你邀请小美帮助你模拟交涉的全过程，小美愉快地答应了。你在交涉前就放出了“我一定要拿下这笔大订单”的豪言，以致在交涉刚开始的时候，你就将这种心态表露无遗，一直卖力地宣扬己方的优点：

“我们的价格真的很优惠，您签了这笔绝对不会后悔。”“我们公司真的有很大优势。”“您就不要犹豫啦。”……

“好了好了！”小美无情地打断了喋喋不休的你，“你这么做是不对的。”

你认识到了自己刚刚的做法有什么不对吗？

并没有，我觉得我自信的谈吐，展示了我们公司的优势。→ 10

我觉得自己太紧张，没有将语言组织好。→ 24

— 5 —

彩排模拟继续进行，这次小美又提出一个难题：“不知道贵公司在物流方面有没有改进呢？去年就是因为物流服务不够好，部分蔬菜被压伤、腐烂，导致卖不出去，给我们造成了不小的经济损失。我们的顾客也向我们反映，次数过多可会对我们的品牌信誉造成负面影响。”

你会怎么回答小美的这一问题呢？

因为蔬菜本身的问题，在运输的过程中的损伤无法避免，我们公司也无能为力啊。→ 15

我们公司的物流部门已经准备了应对方案，其他部门也在协助解决你们担心的问题。→ 9

— 6 —

小美在彩排中又给你抛出一个问题：“现在都倡导‘绿色无公害蔬菜’，顾客们对蔬菜农药残留等方面都有高要求，不知道你们公司能否达到顾客的要求，并且让顾客相信你们的产品是绿色无公害的呢？”

面对小美提出的新问题，你的回答是：

交涉这一方会不会太严格了？要求太多而且很为难人。现实中的交涉方应该不会这么为难人吧？→ 19

公司的产品是经过绿色食品认证的，在品质上绝对有保证。如果对方还

不放心，我们可以将公司蔬菜抽样，进行蔬菜农药残留检测，并且给他们一份检测报告。这不仅是让对方放心与我们合作，也是对每一位购买我们蔬菜的顾客负责。我们希望解答合作方向我们提出的各种疑问，以换来长久的合作关系。→ 22

7

新的一天又开始了，自从昨天被王组长指派了新的任务之后，你就一直提心吊胆，害怕自己不能出色地完成任务。艾玛看着你一脸不开心，连忙问道："最近是身体不舒服吗？怎么老是愁眉苦脸的？"

你向艾玛倾诉道："哎，王组长让我下周和 A 公司进行一场业务交涉，因为是第一次参加，现在不知道应该从哪儿做起，你有什么好建议吗？"

艾玛告诉你："现在的你应该试想一下，你能为你接下来的交涉做些什么基础性的工作？"

艾玛的一席话，让你恍然大悟：

应该先了解交涉另一方的情况。→ 21

现在对“交涉”是什么都不太懂，不知从何做起。→ 23

— 8 —

艾玛问道：“那么辩论和交涉到底有什么联系呢？”

博士告诉你们：“辩论的精髓在于‘辩证思维’，在交涉的过程中，问题随时都有可能出现，这个时候就需要我们辩证地看待问题。”

关于“辩证思维”你是如何理解的呢？

似乎很多冲突也是由“辩证思维”，导致的，因为对方希望听到我方的一些意见，但是如果一直在思维上与别人周旋，难免会导致双方冲突的发生。→ 14

交涉之中，倘若没有辩证思维，自然就不会有对对手观点的分析和判断力了。→ 27

— 9 —

小美微笑着说道：“嗯，真的很不错哦。这样的回答让我感受到了你们公司负责任的态度。你要知道，你所代表的绝不仅仅是你自己，你代表的是整个公司的形象。”

没错，现在的你代表着公司这一个庞大的集体，许多工作都需要团队协作来完成，所以，你还应该了解一下团队协作应该注意些什么。

P099 3–8 不能忽略团体动态

现在你应该明白团队力量的重要性了，在交涉过程中，体现你所在团队的专业素质和良好信誉，会让对方对双方的合作更有信心。相信你会更有信心应对小美接下来抛出的问题了。→ 6

— 10 —

小美告诉你："交涉是一个双方沟通的过程，你一个人喋喋不休，会完全不给他人开口的机会。双方毫无互动，连基本的交涉局面都没有打开，你也无法得知对方的意愿，这样的交涉能成功吗？"你此时才恍然大悟，你想到了书中曾经说过的：

P067 3–2 为什么局面会难以打开

过于急切地表现自己反而是不自信的表现，也会让交涉对方看到你的弱点。你现在是否悔恨不已？盲目自信和固执己见会带来很大的危害。听完小美的意见，带着反思的态度你继续彩排。→ 5

— 11 —

比基涅斯博士询问你最近的工作近况，你开心地跟比基涅斯博士说道："上次经过艾玛的提示，在了解了对手的情况，了解了此次交涉双方的主要目标后，感觉可以自信地上'战场'了！"

"你以为这样就够了吗？要想在交涉过程中运筹帷幄，你还需要准备很多东西。现在的你还只是掌握了点儿皮毛，万一你交涉失败了怎么办？"比基涅斯博士提出了一个新问题。

这时，你想到了什么？

即使失败，也要准备万全的应对策略，失败不是结局。→ 3

充足的准备让失败的概率降到最低。→ 26

12

小美继续问道：“我们看了你们的蔬菜报价之后，觉得你们春天限量供应的春笋实在是报价太高，请问你们这边能降价10%吗？”

“降价10%？这是绝对不行的，我们的春笋都是产地直供，给你们的价格已经是最优惠的了。”

“那就降价2%，你看怎么样？我们准备进货100斤。”听到这个回答，你的反应是：

同意对方降价2%的要求。→ 2

春笋是春季特别限量供应的商品，不接受对方降价2%的要求。→ 16

— 13 —

辩论并不是“钻牛角尖”，辩论也有其基本的规则和要求：

P150 5–1　辩论的基本规则

在交涉的会议中，你一定希望自己能潇洒、儒雅、沉稳、犀利地应对对方给你提出的各种难题。那么如何反驳对方观点也值得你去学习。

P168 5–4　有效反驳的三大方向

辩论有很多技巧，但也不能只依靠技巧。完善的事前准备、丰富的知识储备、完备的逻辑思维能力都是你该具备的，那么辩论和交涉之间到底存在什么联系呢？→ 8

— 14 —

冲突不一定是由于辩证思维导致的，意见对立并不直接等于冲突。现在，你应该认识一下什么是冲突。

P116 4–1　全方位了解冲突

冲突出现时，我们不能逃避。交涉中发生冲突是一件很正常的事情，习惯冲突并试着化解它，并力争将这个麻烦变成一次机会。

P127 4–3 摆正态度之一：习惯冲突
P137 4–5 创造和解的机会

冲突并没有你想象中那么可怕，通过学习应对这些问题的解决方法，克服心理上的难关，相信你在面对交涉过程中产生的冲突时，会从容自信，应对自如。

— 15 —

“你确定要这样回应对方吗？”小美听到你的回答似乎很不满意，“你这样做不仅让问题得不到解决，反而会让对方觉得你在敷衍他。”

那么，应该如何应对对方提出的问题呢？

P073 3–3 疏通问题的解决之道

巧妙地回答问题也是一门艺术，下面继续你与小美的彩排吧！→ 6

— 16 —

恭喜你，没有进入锚定效应的圈套，现在的你对交涉已经有了一定的了解。这次和小美彩排用了两个小时，那么，在下周的交涉中一定要注意时间的把控！另外在交涉完成后，一定要注意把交涉中约定的事宜落实到合同中，让这一次的业务交涉完美结束。

P109　交涉后期的注意事项

结束了和小美的彩排之后，收获了许多从实践得来的交涉经验，郑重地感谢小美的指导。→ 18

— 17 —

很好！你没有因为焦虑而失去理智。现在开始着力为下周与 A 公司的业务交涉备战吧！首先我们一起来学习交涉的最基本的知识，揭开“交涉”的神秘面纱吧！

P007 1–2　对交涉的误解
P012 1–3　职场交涉的基本原则

读完“职场交涉的基本原则”这一节后，相信你已经认识到“逻辑思维”在交涉中的重要作用。那么，如何将逻辑思维有效运用在交涉中呢？

P026　给交涉带来成效的逻辑活用法

学会逻辑思维在交涉中的运用方法后，还有更多的交涉小妙招等着你去发现和学习。→ 7

— 18 —

我们再来假设你是性格内向的小米

午餐时间，你看到比基涅斯博士、小洋和小美凑在一起似乎在讨论什么问题，你好奇地凑了过去。比基涅斯博士询问你：“我们在讨论一些有关辩论的知识，要加入我们吗？”你很开心地加入了他们的讨论行列。

博士说：“都说辩论是一个拼嘴的活儿，就是看谁说得快。但是真实、专业的辩论真的是这样吗？”

那么，你对于“辩论”有什么样的见解呢？

辩论可不是那么简单的“看谁的嘴更伶俐”，因为辩论是有关你对问题的理解分析能力及你的语言表达能力，对于问题的快速分析是很重要的。→ 25

辩论确实有点儿“爱钻牛角尖”的嫌疑，因为要一直反驳对方的观点，所以就必须“死抠”对方论点中的字眼，逻辑反而显得没那么重要了。→ 13

— 19 —

如果你觉得，这是对方在故意为难你，那你可要小心了。因为这些点很可能是这次合作能否成功的关键点，也可能是你疏忽的地方。你应该反省一下是不是自己对客户的合作要求了解不够全面。有的时候你“觉得”和客户之间只需讨论价格方面的问题，其实他们也是有提出更多要求的可能性的，这个时候就需要你摆正态度：

P132 4–4 摆正态度之二：降低对对手的期望值

另外，一旦在交涉的过程中发生了冲突，不仅要冷静面对，还要正面处理这些冲突：

P121 4–2 应对冲突的良策

P142 4–6 解决交涉中冲突的一些小技巧

交涉就像下棋，双方的交锋在所难免。面对冲突是“迎战”还是“回避”，取决于你对冲突的基本判断。所以，在交涉之前就做好各种打算显得更加重要了。又解决了一个在交涉过程中会产生的问题，你继续与小美彩排。→ 12

20

没有经验会紧张是再正常不过的事情，有压力也是不可避免的，但是不能被压力压垮。让我们学习一下如何正确地看待交涉前的压力。

P002 1–1 面对交涉有压力？

只要自己努力将压力转化为动力，将负面影响转化为正面影响，交涉前的压力也会带来正面效应。现在的你可以带着满满的信心着手交涉前的准备工作了。→ 7

— 21 —

太棒了！你已经意识到了“知己知彼百战不殆”的重要性。那么具体实施时应该怎么做呢？看看这里：

P034 2–1　把握现状，了解对手

了解对手以后，我们就要学会分析对手。现在学习一下如何通过图表分析和归纳，看一看你和对方的差距在哪些地方。确定目标后，朝着你期望的目标前进吧！

P040 2–2　设定交涉的目标与计划

在完成“了解对手”这一非常重要的步骤之后，面对接下来的交涉你更有信心了。→ 11

— 22 —

“这样的回答真是太棒了！”小美不禁夸赞你。你巧妙地运用了条件交换，用“蔬菜农药残留检测”来交换“长久的合作关系”。其实，有的时候对方抛给你一个难题，我们不需要过于急着去解决这个难题，而是想着如何巧妙地将这个难题进行转换，运用“条件交换”就是一个不错的办法：

P084 3–5 交换条件的风险与好处

虽然交换条件是很好的“利器”，但是我们也要理性地看待交换条件，慎重思考用什么样的条件与对方交换才是可取的。另外，在条件这一选项上，你还可以花更多的心思：

P089 3–6 制造有创意的选项

适当地制造一些“小心机”，让条件看上去更有诱惑力，会提高合作的成功概率。继续你的彩排吧！→ 12

23

做得好！

其实交涉并不是什么困难的事情，其本质是一个动态的交流过程。那么一场成功的交涉具体包括几个阶段呢？

P062 3–1 成功交涉的三个阶段

在交涉过程中，掌握一些基础的辩论知识非常重要。

P156 5–2 辩论所需的各种能力

看完之后，是不是觉得交涉也并非难事？但是如何获得这些能力呢？

→ 11

— 24 —

小美并没有一直批评你，反而委婉地告诉你：“你想让他人了解想法没有错，但是你的言行举止的确给人一种想要将自己的理念强加给他人的感觉，这会导致交涉的另一方对你产生抵抗情绪甚至敌意。”

因此，你需要学习一个更加合理且实用的交涉方法。

P094 3–7 让对方准确理解己方要求的方法

“原来之前的做法不仅没让小美理解我的想法，反而让小美对我产生了敌意。幸好在交涉之前就发现了这一关键性问题。”你在内心不禁感谢小美帮你发现和解决了这一问题。你继续和小美进行排练。→ 5

— 25 —

没错，辩论不仅仅是动动嘴皮子这么简单，它考验的是你的综合能力。现在让我们对辩论所需要的能力进行一次全方位的了解吧。

P156 5–2 辩论所需的各种能力
P162 5–3 让你的立论熠熠生辉

学习了如何立论，明确自己的主张，在交涉过程中更能把握住话题走向，将这一场交涉控制在自己的节奏中。继续回到和大家的讨论中去吧。→ 8

26

“实践是检验真理的唯一标准”，这句话放在交涉中，就是说你与其闭门造车想象自己的想法是否合理，不如彩排一下，也许能够发现更多没有想到的问题。因此，场景模拟彩排必不可少。将你对交涉对手所了解的信息整理好，是彩排前的重要一步。

P050 2–4 准备好纸质资料

准备好纸质材料之后，就可以找有过交涉经验的同事一起进行双人场景实操彩排啦！

P055 交涉前的彩排

彩排过程是否不如你预想的顺利呢？无法打开交涉的局面？遇到突发问题找不到对策？这是之前无论做多少的功课都无法预知的。所以，你需要勇敢地排除由自身的主观性带来的障碍。

P078 3–4 从自身出发为交涉排除障碍

下面我们进入彩排，看看遇到一些具体的问题我们应该如何运用所学的

知识来解决。→ 4

— 27 —

没错，在交涉过程中，辩证思维是先决条件，但学习另外一些思考方法也会对你有所帮助：

P021 1–5 善用演绎法为交涉“抽丝剥茧”
P156 5–2 辩论所需的各种能力

我们要用辩论思维应对交涉中的问题，树立挑战意识：

P175 辩论可以培养与人进行职场交涉的能力

相信经过越来越多的交涉，你一定能从实践中不断积累经验，最终形成颇具个人特色的交涉风格！